NECESSIDADES FALSAS

Roberto Mangabeira Unger

NECESSIDADES FALSAS

*Introdução a uma teoria social antideterminista
a serviço da democracia radical*

Tradução
Arnaldo Sampaio de Moraes Godoy

EDITORIAL

Copyright © 2005 Roberto Mangabeira Unger
Copyright desta edição © Boitempo Editorial, 2005

Título original: *False Necessity: Anti-Necessitarian Social Theory in the Service of Radical Democracy*

Tradução	*Arnaldo Sampaio de Moraes Godoy*
Revisão	*Ricardo Lísias*
	Agnaldo Alves
Coordenação editorial	*Ivana Jinkings*
	Aluizio Leite
Assistência	*Ana Paula Castellani*
Produção	*Marcel Iha*
Capa	*Antonio Carlos Kehl*
Diagramação	*Gapp Design*
Fotolitos	*Oesp*

CIP-BRASIL – CATALOGAÇÃO NA FONTE
SINDICATO NACIONAL DOS EDITORES DE LIVROS, RJ.

U48n
    Unger, Roberto Mangabeira, 1947-
    Necessidades falsas : introdução a uma teoria social antideterminista a serviço da democracia radical / Roberto Mangabeira Unger ; tradução Arnaldo Sampaio de Moraes Godoy. - São Paulo : Boitempo, 2005
    Tradução de: False necessity : anti-necessitarian social theory in the service of radical democracy
    Tradução de uma versão modificada e ampliada do prefácio de False necessity

    ISBN 85-7559-067-7

    1. Ciência política. 2. Filosofia. 3. Sociologia. I. Título.
05-1950.   CDD 320.5
                                                               CDU 321.01

Todos os direitos reservados.
Nenhuma parte deste livro pode ser utilizada ou reproduzida sem a autorização da editora.

1ª edição: julho de 2005

Jinkings Editores Associados Ltda.
Rua Euclides de Andrade, 27 Perdizes
05030-030 São Paulo - SP
Tel./fax: (11) 3875-7285/3872-6869
site: www.boitempo.com
contato: editora@boitempo.com

SUMÁRIO

NOTA À EDIÇÃO 9
APRESENTAÇÃO À EDIÇÃO BRASILEIRA 11
PALAVRAS SEM ECO 13
A TEORIA CONTRA O DESTINO 29
A SEGUNDA VIA 61
    Governos competentes e condições para estratégias de rebelião para o desenvolvimento nacional 86
    Por um ser humano dotado e equipado 91
    A economia de mercado democratizada 95
    Democracia energizada 102
    A auto-organização da sociedade civil 107
FORTALECIMENTO E VULNERABILIDADE 131

NOTA À EDIÇÃO

Este *Necessidades falsas* – originalmente um ensaio introdutório escrito para uma nova edição de *False Necessity: Anti-Necessitarian Social Theory in the Service of Radical Democracy*, lançado pela editora inglesa Verso – dá continuidade ao projeto da Boitempo de publicar no Brasil a obra de Roberto Mangabeira Unger.

Parte relevante dos textos da edição original de *False Necessity* (que ainda não continha o ensaio introdutório) já havia sido incluída no livro *Política: os textos centrais* – editado pela Boitempo em 2001 –, uma seleção, organizada por Zhiyuan Cui, que reúne alguns dos textos mais importantes da elaboração da teoria social construtiva de Mangabeira Unger. Portanto, o lançamento desse ensaio introdutório complementa (embora este livro possua unidade própria) a edição de *Política*.

Os textos de *False Necessity* que já haviam sido publicados são:
"A gênese de três complexos: organização do trabalho, governo e direitos privados"; "A gênese de outro contexto formador: a alternativa comunista"; "Estabilidade e desestabilização na operação dos contextos formadores"; "Capacidade negativa e plasticidade como poder"; "A prática: na luta pelo poder e no poder"; "Reorganização constitucional"; "A organização da economia: o fundo rotativo do capital e seu controle democrático"; "O sistema de direitos: quatro direitos"; "A contrapartida cultural-revolucionária do programa institucional"; "O espírito" e "Apêndice. Cinco teses sobre a relação da religião com a política".

A tradução de Arnaldo Sampaio de Moraes Godoy (doutor em Filosofia do Direito pela Pontifícia Universidade Católica de São Paulo, professor universitário em Brasília) foi feita sob supervisão do autor e buscou manter as peculiaridades e a voz característica do texto original.

APRESENTAÇÃO À EDIÇÃO BRASILEIRA

Necessidades falsas é a versão em português do longo ensaio introdutório à nova edição do livro de mesmo nome publicado em inglês em 2004. Publica-se no Brasil como volume separado, desacompanhado da obra para a qual foi escrito como introdução.

Este pequeno livro resume grandes linhas de meu pensamento atual a respeito da sociedade e da história, e situa esse pensamento entre os debates intelectuais e as lutas políticas de nosso tempo. Seu tema central é a esperança como forma de razão. Esperança, para o indivíduo, de tornar-se maior. Esperança, para a sociedade, de reorganizar-se como casa desse indivíduo engrandecido. Esperança, para a razão, de não precisar aliar-se com o fatalismo.

Para o Brasil, as idéias deste livro carregam significado especial. O texto foi escrito em inglês. Talvez uma das muitas razões para a estranheza que ele provoca é ser tão brasileiro.

Proponho que o pensamento brasileiro contribua ao pensamento universal rebelando-se contra as servidões a que se encontra rendido.

Dois fatalismos, divergentes na origem e na intenção, misturam-se agora no Brasil. Um deles é o marxismo encolhido. Nele o fascínio pelos supostos constrangimentos estruturais sobrevive à confiança na libertação futura. O outro é a prática das ciências sociais positivas, tal como cultivadas nas universidades dos Estados Unidos e de lá exportadas para o resto do mundo. Nesse país, as instituições e os dogmas do momento ganham cores de naturalidade. Os dois fatalismos fazem coro.

A nós no Brasil convém imaginação institucional. Os ideais e os interesses estão sempre, em qualquer lugar, pregados na cruz das instituições e das práticas. Num país como o nosso, as conseqüências dessa crucificação são mais palpáveis. O imperativo de ação transformadora é mais urgente. Ao converter uma a uma as disciplinas sociais em instrumentos de imaginação institucional, explicando o que existe ou o que existiu sem lhe emprestar a autoridade do destino, estará o pensamento brasileiro desbravando trajetória que as idéias mundo afora precisam seguir.

Para isso, não devemos nem aceitar as disciplinas sociais como elas se encontram hoje, nem pretender criar à margem delas uma maneira de pensar inteiramente diferente. Temos de enfrentá-las e de mudá-las por dentro. Não podemos repensar o Brasil pensando só a respeito do Brasil. Precisamos repensar o Brasil repensando o mundo em volta. E havemos de juntar a crítica das instituições à crítica das consciências, suprimindo a oscilação, característica do pensamento brasileiro, entre determinismos econômicos e culturais.

Por esse caminho, passará o pensamento brasileiro a descobrir novas verdades e a ser mais útil ao Brasil e à humanidade. Entre os muitos serviços que poderá prestar estará o de ajudar a livrar a nação da oscilação entre os dois grandes partidos de opinião que lhe têm dominado a história: o partido da onda e o partido da mensagem.

O partido da onda, que quase sempre nos governou, propõe surfar na onda – a correlação de forças no mundo, tal qual definida pelas potências dominantes e pelos países admirados –, ocupando nosso lugar subalterno naquela correlação, resignados às mazelas do atraso relativo. O partido da mensagem é o dos inconformados e intransigentes, como foram entre nós os liberais e os socialistas, impacientes para endireitar o Brasil em moldes apontados pelas sociedades adiantadas. O maior problema do partido da mensagem não é a força dos interesses que desafia. É a própria mensagem, ou melhor, a falta dela, já que a mensagem do partido da mensagem tem sido a cópia.

Sirva este livro no Brasil como chamamento ao esforço de fazer da periferia centro, de contrapor uma heresia universalisante a uma ortodoxia universal, de explicar o Brasil explicando o mundo, de entender o existente imaginando o possível e de acalentar esperança desprotegida de ilusões.

Roberto Mangabeira Unger
junho de 2005

PALAVRAS SEM ECO

Este livro é fruto de um esforço para a compreensão dos porquês de as sociedades contemporâneas organizarem-se da forma como se organizam. É também uma tentativa de imaginar como poderíamos reformá-las para o fortalecimento de toda a humanidade. Como poderíamos – nós que vivemos uma paz agitada, após matanças e cruzadas, catástrofes e bravatas, ilusões e desilusões, que marcaram o século XX – crescer, individual e coletivamente? Como poderíamos tornar-nos mais fortes, quando um ceticismo imperdoável tem balançado ou destruído as crenças que herdamos?

O livro ocupa-se de dois temas. O primeiro deles é o que chamo de *necessidade falsa*. Como teoria explicativa da sociedade, a concepção de necessidade falsa pretende libertar a teoria social de sua dependência da negação da liberdade para resistir e refazer modelos sociais. A teoria das necessidades falsas oferece perspectiva antideterminista radical que, no entanto, suscita amplo espectro de explicações sociais e históricas. Algumas são explanações gerais e abstratas, outras são mais concretas. Leva-se ao extremo a tese de que tudo na sociedade é política, mera política, e em seguida extrai-se dessa aparente idéia negativista e paradoxal uma compreensão detalhada da vida em sociedade.

Como programa de reconstrução social, a teoria das necessidades falsas demonstra como se pode implementar um projeto radical para libertação de nossos comportamentos, práticos e idealizados e das limitações impostas por hierarquias rígidas e por papéis sociais cristalizados. Argumenta-se que a melhor esperança para o avanço dessa causa radical – causa defendida tanto pela esquerda como por liberais – encontra-se numa série de reformas revolucionárias na organização de modelos governamentais e econômicos, assim como na natureza de nossas relações pessoais. As idéias explicativas e programáticas do livro interligam-se mutuamente; apóiam-se em e expressam diferentes aspectos de uma perspectiva que ambas comungam.

É possível um entendimento nosso e de nossa própria história sem que nos imaginemos objetos de destino historicamente predeterminado por leis fixas. Podemos reconhecer o poder determinante do que ordinariamente aceitamos como certo: as estruturas arraigadas de instituições e de crenças estabelecidas pela sociedade na qual vivemos. Na medida em que reconhecemos esse poder moldador, podemos, no entanto, repensar a suposição de que leis de mudança governam a história dessas estruturas, impondo limites à nossa liberdade.

De tal modo, podemos levar ao extremo a idéia de que a organização da sociedade é feita, como tudo, essencialmente, de política. Podemos reconhecer essa verdade sem cedermos a explicações ambiciosas a respeito da experiência social e histórica. Podemos nos rebelar contra os vários mundos que criamos. Podemos interromper nossas rebeliões e nos acomodar um pouco em um desses mundos, imaginários e reais. Podemos explicar o que aconteceu e o que pode acontecer, dando o devido peso à realidade restritiva dessa vontade de transformação, sem diminuir a ambição explicativa e sem nos render às ilusões das necessidades falsas.

O segundo tema do livro é o fortalecimento da democracia. A atual organização da sociedade nas democracias ricas do Atlântico Norte não traduz o conteúdo natural e necessário de categorias abstratas como capitalismo ou regulamentação da economia de mercado. A organização atual é, como qualquer outra fundação institucional e ideológica na história, provisória e única em conteúdo, poderosa em influência; ela teima em sobreviver.

Com o colapso do grande rival, o comunismo, as democracias do Atlântico Norte falam ao mundo todo com autoridade incomparável, como modelos de organização social e de justificação das próprias instituições. Os críticos dessas democracias, castigados pelos fatos, esperam pelo menos humanizá-las. A humanização do inevitável tornou-se o limite do desejo de mudanças.

Esse acordo institucional e ideológico não é, no entanto, a última palavra. Ele não deverá, não precisará, e no fim não será aceito como o melhor modo de vida sob um regime definido como democrático. Este acordo impõe limitações desnecessárias e injustificadas para o progresso da humanidade, bem como para a reconciliação entre desejos de fortalecimento interno e de ligação com o mundo externo.

No início do século XXI, certa atitude conceitual progressista pretendia conciliar a flexibilidade econômica do modelo norte-americano com os resíduos recuperáveis do modelo europeu de proteção social. Em âmbito de política econômica, alternativas desenvolvidas na Europa e no nordeste da Ásia – para com a economia de regulamentação de mercado estabelecida nos Estados Unidos – mostraram-se custosas e injustas. Custosas porque impuseram limitações penosas na capacidade de livremente se combinar pessoas e recursos; e injustas porque foram construídas, em maior ou menor intensidade, sobre a divisão entre incluídos e excluídos.

Assim, governos e cidadãos dos países mais ricos deram início a um esforço de conciliação entre uma maior flexibilidade econômica e comprometimento na defesa do indivíduo contra os exageros da desigualdade e da falta de segurança econômicas. Esses setores começaram a dar preferência a modelos de proteção social que dependessem menos de prerrogativas de grupo do que de capacidades e dotes individuais, e menos ainda no poder de barrar essas iniciativas do que na possibilidade de participação nas mesmas. Os países mais pobres tentaram se levantar, copiando as instituições dos países mais ricos e abrindo-se para uma economia mundial comandada justamente por essas nações mais opulentas. Os países mais pobres acreditavam que bom comportamento seria recompensado com rápido ponto de convergência, marcado com um encontro primeiramente com as práticas dos mais adiantados e posteriormente com a prosperidade desses últimos mais ricos.

Um dos pontos centrais da teoria que introduzo neste livro – quando desenvolvo o tema do fortalecimento da democracia – é que existe uma vereda melhor. Não se trata de um terceiro caminho. Trata-se de uma segunda via, dado que apenas um caminho, suavizado ou não, encontra-se disponível no mundo.

Dentro da moldura institucional hoje estabelecida, não podemos alcançar nem mesmo uma reconciliação parcial entre flexibilidade econômica e proteção social. Não conseguiremos realizar essa reconciliação, por exemplo, aceitando a presente relação entre vantagens pessoais recebidas (ou onde houve fracasso em recebê-las) das famílias dos beneficiários com direitos e recursos que esses mesmos beneficiários recebem da sociedade; ou aceitando os termos nos quais a descentralização na alocação de capital toma lugar.

Não podemos nem mesmo admitir espaços nos quais aos grupos sociais se autorize organização fora do governo, para melhorar suas circunstâncias de vida; ou aceitar ainda a amplitude na qual a política é organizada para facilitar reformas.

É improvável que iremos desafiar e mudar esse estado de coisas, a menos que sejamos movidos por medos e esperanças mais fortes do que o desejo de imprimir equilíbrio mais adequado entre bem-estar social e liberdade econômica. Uma vez que comecemos a reimaginar e a refazer nossas instituições, serão afrouxados os laços entre nossos ideais e interesses e seus vínculos familiares na organização prática da vida social. A tentativa de reconciliar flexibilidade econômica e proteção da sociedade com um mínimo de reconstrução social começa então a mostrar-se incompleta e de igual modo ineficiente.

A liberdade econômica é apenas fragmento da ambição ainda maior de fortalecimento, de libertação dos ônus da debilidade, do trabalho penoso, da fraqueza, da incapacidade, da indignidade, que continuam a recair tão pesadamente sobre a humanidade; de busca de luz no mundo penumbroso do lugar-comum; de dotação de efeitos práticos à principal lição da democracia que consiste na doutrina da grandeza de homens e de mulheres comuns. O bem-estar social carece do mais abrangente objetivo de criação de sociedades que diminuam o preço de despersonalização e de submissão que pagamos pela nossa adesão à vida social. Como ficaremos mais fortes e mais interligados?

A mensagem deste livro consiste na percepção de que mudança gradual e cumulativa na organização da sociedade torna-se indispensável para a realização da tarefa de fortalecimento e de interligação. O projeto de fortalecimento da democracia, aqui apresentado, tem o objetivo de aprofundar o modelo democrático, democratizando o mercado e instrumentalizando o indivíduo. Por um lado, trata-se de liberalismo radical. Um liberalismo que sacrifica dogmas liberais sobre instituições políticas e sociais. Dogmas que os liberais têm tradicionalmente vinculado às expectativas sobre as possibilidades humanas. Por outro lado, trata-se de socialismo não estatal, outorgando conteúdo distinto e controverso à concepção de economia de mercado adaptável a princípios socialistas, hoje idéia tida como vazia de sentido.

A história, entretanto, não é o desdobramento de uma idéia nem o aperfeiçoamento de uma máquina. É luta aberta, sinistra, que atinge nível que os mais influentes modelos de teoria e ciências sociais não conseguiram reconhecer. A idéia de necessidade falsa é demonstrar que podemos nos dar conta dessa verdade, sem que tenhamos de abandonar tentativas de explicação geral, quando consideramos sociedade e história.

Exatamente porque não estamos totalmente inseridos no mundo social que construímos e precisamente porque sempre há mais em nós mesmos do que nesse mundo que forjamos, é que podemos enxergar um pouco mais além, pensando e realizando o que não se aprova nesse mundo que criamos. A história é visionária porque também é luta.

Os temas das necessidades falsas e do fortalecimento da democracia estão firmemente entrelaçados. O modelo explicativo que aqui proponho amplia a maneira como nós, na condição de atores da história, agimos ou podemos pensar, envolvidos no turbilhão de lutas e de compromissos no qual nos encontramos. Trata-se da continuidade e do aprofundamento das visões que nos são reveladas pela ação e pela resistência, por nossa relutância às estruturas da sociedade e da cultura, assim como também pela oposição à vontade de transformação. Não se trata de visão privilegiada de observador que descobre e revela, após os fatos, a lógica subjacente de itinerário já realizado. Assim, um de meus objetivos é abordar a experiência histórica e social a partir de perspectiva que permita que a imaginação alimente, com mais voracidade, uma experiência ordinária.

Enquanto não formatarmos perspectiva confiável acerca de alterações estruturais – de como poderemos modificar a ordem discursiva e institucional na qual estamos envolvidos – nos encontraremos reconduzidos a vetusto modelo realista de avaliação de propostas para a reforma da sociedade. O que se passa é que, se próximas do que já existe, as propostas parecerão realistas. Ainda, se distantes do existente, elas parecerão utópicas. Este dilema retórico falso é a conseqüência de nossa falta de perspectiva confiável no que toca a sabermos exatamente como poderemos reorganizar a sociedade.

A conexão entre os temas necessidades falsas e aprofundamento da democracia também conduz à direção oposta. O desenvolvimento de concepção alternativa que prometa formas de implementar mais completamente nossos interesses e ideais coloca o desejo ao lado da imaginação. Ilusões de necessidades falsas surgem porque nos rendemos ao mundo e em seguida começamos a confundir a sociedade atual com uma humanidade possível e imaginária. Cedemos a idéias e atitudes que fazem com que a ordem existente nos pareça natural, necessária, competente.

Na medida em que desejamos e imaginamos algo mais, de um modo que nos permita ver como esse algo mais poderia surgir aqui e agora, passamos a semear alucinações. Conduzimos nossas idéias sobre a sociedade a uma relação muito próxima com o que repetidamente descobrimos nas ciências naturais; já que compreender um estado de coisas é alcançar suas possibilidades de transformação, percebendo o real à luz do possível.

A principal dificuldade na compreensão de nós mesmos e da sociedade é que não podemos definir os limites dessa cogitada possibilidade. O possível na sociedade e na história não consiste em conjunto fechado e bem definido de transformações dentro das quais a experiência histórica concreta tem se desenvolvido como subconjunto. O possível é justamente o que poderemos fazer em seguida, alcançando algum lugar a partir de onde estamos. Todavia, na medida em que consigamos ligar realisticamente nossas idéias de como chegamos ao ponto onde estamos e de como chegaremos em outros lugares, não precisamos olhar com olhos fixos o que existe, representando esse arregalar como um *insight*, como uma medida de compreensão absoluta. Podemos imaginar o que existe como ponto de repouso e ao mesmo tempo como ponto de partida.

Quando minha teoria sobre as necessidades falsas foi publicada pela primeira vez nada aconteceu. Muitos autores vêem seus livros caídos em ouvidos moucos. Três problemas agravaram as deficiências daquele meu trabalho original. Um deles é remediável, até certo ponto. Já os outros dois parece-me que não. Porém os considero como avisos dos perigos e das oportunidades que surgem em qualquer tentativa de se pensar, em circunstâncias atuais, os temas das necessidades falsas e do aprofundamento da democracia.

Em primeiro lugar, houve certo mal-entendido entre mensagem e meio, idéia e forma. O meu primeiro livro sobre as necessidades falsas argumentava a propósito de um próximo passo, desconhecendo limites externos de mudança, tanto naquele momento como no futuro. Também não levava em conta que uma alteração nos contextos de pensamento e ação exige substituição conceitual e prática que seja radical e simultânea. Uma de suas razões mais recorrentes é a reforma com passo revolucionário, uma gradual, porém motivada e dirigida, reconstrução dos modelos institucionais e dos valores sedimentados, que ordinariamente tomamos como definitivos.

A revolução na política tem como aliada e como contrapartida a revolução no pensamento. No pensamento, assim como na política, pode-se diminuir o hiato existente entre ações extraordinárias, por meio das quais se mudam panoramas institucionais e discursivos, e ações ordinárias, por meio das quais se pressupõe e se reproduz esse panorama. Práticas e atitudes podem ser reorientadas, de modo que se possa saltar mais prontamente de um contexto que tende a preservar para outro que aceite rever e revisar.

Essa reorientação deve ser buscada como meio para consecução de fins práticos, servindo interesses pragmáticos de inovações técnicas e de crescimento econômico, assim como também servindo a um objetivo moral de emancipação do indivíduo em relação ao rígido controle de classes sociais e de divisão de papéis. É também desejável como fim em si mesmo. Essa reorientação demonstra e fortalece o âmago da possibilidade humana de mover-se para além das fronteiras da situação presente. Quanto menor o hiato existente entre o procedimento rotineiro pelo qual nosso mundo é reproduzido e as inúmeras e pequenas rebeliões por meio das quais o mundo é transformado, maior será a possibilidade de abrangência e de generalização de uma prática transformadora.

O leitor pode então esperar que este livro ofereça, em seu excerto explicativo, uma caixa de ferramentas e um conjunto de opções e de fragmentos de crítica e de pensamento. Muito pelo contrário. Parece que apresento uma teoria geral, ilustrada com exemplos históricos e polêmicas que me posicionam na defensiva, nos moldes do grandioso e antigo estilo europeu. Tal teoria pode parecer um elefante branco. Mas afinal, quem é que dela precisa? Quem é seu destinatário?

A resposta consiste em admitir que nunca precisamos de discurso com o formato de teoria geral. É sempre necessário um modo de pensar por meio de postulados, não o problema todo, porém o próximo passo a ser dado.

Eventualmente, ao longo do presente trabalho, pode-se pensar o próximo movimento, desenvolvendo-se esquema de abordagem geral. Tal perspectiva indica semelhança enganosa e perigosa para com um racionalismo imperialista à moda antiga. Com o custo da alienação para com a experiência e ação, esse racionalismo presume capacidade de se compreender integralmente suas próprias e mais avançadas conjecturas.

Vez ou outra se alcança o próximo passo por meio do desenvolvimento de práticas fragmentárias de reconstrução e de subversão intelectual. Tal movimento indica que para cada problema ligado à explicação da sociedade e para cada ilusão de necessidade falsa deve haver um modo explicativo do que existe, sem que tudo possa parecer natural, necessário ou racional.

A solução não consiste na reinvenção de uma teoria geral e tampouco em sua substituição por uma espécie de tática de guerrilha do intelecto. A solução reside na campanha contra a necessidade falsa por meio das várias formas de pensamento. A mais ambiciosa delas quanto à generalidade do objetivo é aparentemente a mais tradicional em estilo. Seu trabalho é, todavia, indispensável: demonstrar como o ataque contra a necessidade falsa pode mudar as formas de entendimento da sociedade e da história, em vez de diminuir o quanto dessas categorias podemos explicar. Precisa-se de uma teoria geral para combater a domestificação do criticismo e romper a aliança entre ceticismo e resignação, demonstrando como estratégias particulares de subversão intelectual podem se acomodar em modelo alternativo de pensamento.

O segundo erro de ajuste conceitual se dá no plano geográfico das idéias e da inspiração política. Os lugares do mundo que detêm recursos acadêmicos para a concepção de trabalhos como esse são exatamente os locais nos quais a reconstrução institucional da sociedade, em qualquer nível, começa a parecer fantasia arcaica e romântica. Por outro lado, nos locais nos quais a necessidade de alternativas é urgente, parece haver escassez de ferramentas, de tempo e de pessoas.

Este livro foi escrito ao longo de anos de paz ansiosa e de frustração política no jardim da academia norte-americana. Nesse jardim, qualquer idéia que combatesse o que parecia ser o que de melhor havia no mundo ficava quando muito relegada, esquecida, congelada, como se fosse uma mensagem para um outro dia qualquer.

As preocupações que me motivaram, entretanto, fincam raízes nas experiências de um outro país, o Brasil. Nesse país, como em muitos outros que estão fora do contexto do Atlântico Norte e de seus sectários, os problemas de desenvolvimento e de democracia ainda não foram resolvidos por meio da combinação de globalização econômica com cópia e adaptação institucional. De tal maneira, as idéias dominantes continuam a comunicar-se em duas linguagens fatalistas, cheias de ilusões de necessidades falsas: a linguagem de um marxismo fossilizado e truncado e a linguagem das ciências sociais aplicadas de matiz positivista, no estilo então triunfante nas universidades norte-americanas.

A discussão em torno das necessidades falsas e do fortalecimento da democracia, bem como a reinterpretação da realidade na qual vivemos, a par do exercício de imaginação em relação ao que poderá acontecer, aplica-se tanto a países ricos como a pobres. Trata-se de debate geral, na medida em que todos os países encontram-se nos limites de repertório mundial único de problemas e soluções.

O desencontro entre os locais nos quais essas idéias possam ser concebidas e aqueles nos quais elas possam efetivamente dizer alguma coisa de concreto é real e em muitos aspectos inevitável. A melhor maneira de enfrentarmos o problema consiste em insistirmos na idéia de que o mundo transformou-se em uma arena de disputas.

Há outro desencontro, o terceiro, que é o mais sério. Trata-se do contraste entre um conjunto de idéias que enfatiza as oportunidades de transformação e a experiência concreta que se desdobra num tempo de alternativas limitadas. O fim do comunismo na Rússia e na Europa oriental, o seu quase abandono na China, bem como o enfraquecimento de muitas das características distintivas do capitalismo europeu e do nordeste da Ásia, limitaram o espectro de opções econômicas e políticas possíveis. As mais ambiciosas aspirações de transformação refugiaram-se no labirinto da subjetividade, nos delírios escapistas das culturas popular e erudita, nos experimentos de alguns indivíduos nos limites de suas comunidades.

Em tais circunstâncias o pensamento social luta para reconstruir como razão aquilo que a história concebe como contingência. Toma-se a organização social como palco definitivo até que uma próxima crise ocorra, ameaçando-se o mundo com essa mesma crise, como se ela fosse eterna.

As conseqüências de tal concepção podem ser exemplificadas por um modelo pós-keynesiano de abordagem dos problemas de economia política. Um economista que se interesse por problemas econômicos concretos e pela relação da economia com estudos políticos, culturais e com valores agregados de substancial importância, como emprego, investimento, poupança, tende a procurar estabelecer constantes normativas entre esses dados. Este imaginário economista pode prontamente admitir, quando desafiado, que a persistência de tais constantes depende de um grande volume de conhecimento pormenorizado de condições institucionais. Uma mudança em qualquer um desses dados, ou nas crenças e comportamentos que os acompanham, poderia alterar estas supostas constantes. Uma diminuição de direitos trabalhistas, por exemplo, poderia redesenhar a relação entre desemprego e inflação.

Se, entretanto, o pano de fundo institucional desconhece desafios e permanece inalterado, deve o economista desconsiderar as concessões que fizera sob pressão, retornando às tarefas que anteriormente desenvolvia. As constantes que ele tentara especificar começarão a tomar a forma de leis. Essa legalidade tornar-se-á ainda mais densa se esse economista apresentar aquelas bases institucionais como naturais e necessárias num contexto de organização econômica capitalista de economia de mercado, em vez de compromisso efêmero e periclitante.

A idéia de que o mundo caminha vagarosamente rumo a um conjunto homogêneo formado por práticas adequadas e instituições possíveis faz com que essa perspectiva possa parecer plausível. Ela diminui a necessidade que se sente de se inferir práticas e instituições específicas a partir de concepções abstratas. Eu me refiro à democracia e ao mercado.

A tranqüilidade política continuará a justificar modelos racionais de reconstrução, até que surjam problemas verdadeiros no mundo real. E não há necessidade de que seja uma grande questão, a exemplo de uma guerra de proporções mundiais ou de uma depressão econômica mais aguda. Basta tão-somente uma crise de dimensões menores, como a instabilidade financeira que se propagou no biênio 1997-1999. A ameaça fará com que as conjecturas, causalidades e suposições sejam repensadas. É necessária uma crise para que se rompa o cerco de superstições de necessidades falsas, fossilizadas no ideário do suposto pensador racional.

As relações entre razão, rotina e traumas externos, que se repetem em todos os campos do pensamento social, reaparecem no pensamento mais pragmático de políticos e de burocratas. Eles se orgulham de praticar a política em meio a apuros e acordos, evitando ao mesmo tempo o calor perigoso das mobilizações populares e a pretensa e fingida clareza de alternativas mais amplas e mais ousadas. O resultado paradoxal desse pragmatismo pouco prático, no entanto, é que se desdobra uma política incapaz de efetivamente implementar mudanças em quase tudo que realmente tenha alguma importância. Trata-se da transposição da vida pública para região pantanosa de beco sem saída, onde ela fica perdida e imobilizada por acordos feitos por poderosos interesses organizados que, embora em aparente oposição, comungam desejos contra maiorias desorganizadas.

Já uma relação alternativa entre estrutura e crise exige prática repetida de reformismo revolucionário. Uma prática lenta, gradual, porém potencialmente cumulativa, que conduza à reconstrução de fragmentos de estrutura básica formada por arranjos institucionais e por crenças arraigadas. Na história recente, tal reconstrução raramente se concretiza sem que haja um choque externo na forma de conflito militar ou de colapso econômico. Assim, tanto na prática da atividade política, como no pensamento social, as perspectivas de transformação muitas vezes dependem de desastres. Será que só podemos nos transformar depois de sermos arruinados?

Em tempos mais recentes, crises decorrentes de guerras e de depressões têm gerado as grandes transformações. Entretanto, a dependência das mudanças para com as calamidades não é característica permanente da história. Instituições e costumes podem ser rearticulados para que a relação de dependência entre transformação e caos seja diminuída. Dessa forma, não serão atendidos apenas interesses para com o progresso e para com a emancipação individual; mudam-se também nossas relações referentes às circunstâncias sociais que nos envolvem. Criamos um mundo que nos reconhece pela forma e pelo contexto, e que também nos confirma como agentes transcendentes desse entorno. Tal ambiente é melhor e mais seguro para o espírito, se por espírito identificamos o poder de ultrapassar ordens sociais e culturais tradicionalmente reconhecidas, além de todas as características particulares que plasmam nossa existência.

Um outro modo de se compreender o ponto central dessa minha concepção é por meio de uma definição da imagem nuclear de política que ela invoca, uma perspectiva já prenunciada nessas páginas, por conta das premissas de uma reforma revolucionária. Por política, nesse cenário, eu me refiro tanto ao mais limitado conceito de luta pela obtenção e uso do poder governamental, como aos mais amplos sentidos de conflito, controvérsia e compromisso em torno dos termos de relacionamentos práticos, emocionais e cognitivos que vivenciamos uns com os outros. Entre esses dois pólos de significação encontra-se um sentido intermediário tão central ao argumento deste livro: a política é ação prática e espiritual para reprodução, refinamento, reforma ou remodelagem dos arranjos institucionais e das crenças arraigadas que informam as rotinas da sociedade.

A história mais recente tem sido dominada por dois tipos de política. Um deles tem caráter excepcional e revolucionário de compreensão de mudanças institucionais. Geralmente é conduzido por líderes que ajudam a energizar as maiorias desorganizadas em momentos de crises profundas, no meio de guerras e de colapsos econômicos. E o outro, muito mais comum e freqüente, é caracterizado por ajustes redistributivos marginais, que são acompanhados por decisões governamentais que tomam partido em questões contemporâneas de moral, religião ou cultura, negociadas por políticos profissionais ligados a interesses poderosos e organizados (sempre afetos à minoria da população), sob condições geralmente mercenárias e argentárias.

Os protagonistas desse último modelo de política são os atuais donos do mundo. Desdenhando a ideologia, repudiando a mobilização popular, na qual não acreditam, tais políticos se agradam e se bajulam propalando a praticidade de suas respectivas atuações. Eles me parecem marcados pela eterna incapacidade de cumprir suas tarefas. Não apresentam soluções para os problemas principais vividos por suas sociedades e também não implementam as condições que fariam as promessas da democracia mais concretas para maior número de pessoas. A impossibilidade e o perigo desse primeiro tipo de política justificam a necessidade do segundo modelo ao qual me referi. Políticos protagonistas do primeiro modelo comprovam que a melhor esperança reside na humanização do inevitável.

Precisamos de um terceiro modelo de política. Uma política que seja transformadora, que se veja livre da ilusão (um exemplo de necessidade falsa) de que a verdadeira transformação exige a substituição do supostamente indivisível sistema capitalista por uma igualmente fantasmagórica alternativa centrada no modelo socialista.

Uma política transformadora muda paulatinamente o contexto dos arranjos institucionais e das crenças fossilizadas que dão os contornos das rotinas práticas e discursivas da vida social. Essa política transformadora combina interesses organizados da minoria com compromisso com segmentos populares desorganizados, porém altamente energizados. Dispensa-se o desastre como condição de mudança e vencem-se as crises corriqueiras que o cotidiano negocial dos povos continua colocando em nossos caminhos.

Essa política transformadora não é um bem intrinsecamente considerado. Ela não precisa estar a serviço do fortalecimento da democracia ou de qualquer outra versão de experiência democrática. Entretanto, tem certa afinidade com o projeto democrático, dado que a democracia não progride sem propiciar ferramentas e oportunidades para seu pleno exercício.

Para o experimentalismo democrático, a política transformadora tem importância que se desdobra em três aspectos. Primeiramente, como modelo para o próximo passo. Em segundo lugar, como prática que precisa ser generalizada na vida social, se realmente pretendemos tornar nossas sociedades mais democráticas e mais experimentais. E por fim, como um modo de se outorgar efeito prático para nossas próprias verdades, na perspectiva de que excedemos incomensuravelmente poderes de compreensão, invenção e concatenação, em relação a todos os sistemas sociais e culturais já criados ou passíveis de desenvolvimento.

Um terceiro tipo de política oferece resposta às circunstâncias de nossos tempos. Reconsiderada sob outro ângulo, a política transformadora equivale a uma variação em relação ao tema que deve se tornar ainda mais central para sociedades que valorizam capacidades individuais e economias organizadas em torno do conhecimento e de seu uso.

Esse terceiro tipo de política consiste em uma contrapartida a formas de atividade econômica avançadas e experimentadas: aquelas que transformam a produção em aprendizagem coletiva e em inovação permanente, quebrando contrastes entre cooperação e competição, derrubando antinomias entre supervisão e execução. Nesse modelo produtivo, redefinem-se tarefas ainda no curso da execução das mesmas. Trata-se o conceito de passo seguinte como estilo permanente de ação. Aqui, pois, o equivalente econômico à prática habitual de reforma revolucionária: homem e máquinas juntos, qual uma razão política oxigenada e fortalecida.

Uma política transformadora aliada à produção experimental avançada propicia transformações em relação à chamada razão prática e conseqüente inserção em arranjos sociais. Para uma produção de vanguarda, a questão-chave consiste em saber se essa produção persiste imobilizada na cadeia de setores econômicos avançados em que se transformaram as forças preponderantes da economia mundial, ou se ela começará a ter participação mais efetiva na economia como um todo. Tal fato por si só não justifica, como veremos, a expansão desse modelo produtivo, marcando forte presença na vida social, a menos que se reformem as formas pelas quais as pessoas ganham acesso ao capital e às habilidades.

Para esse terceiro tipo de política, a questão central é: *para onde?* Orientando-se por um caminho alternativo rumo à democracia e ao experimentalismo, pode-se determinar *o que, como* e *com qual efeito* tenta-se ampliar o espaço da vanguarda econômica na vida social. Nesse sentido, a política transformadora não é apenas mais um exemplo de razão instrumental em marcha. Trata-se, efetivamente, de atividade central. Outras opções de fortalecimento democrático e de experimentalismo econômico são conduzidas por vários e distintos caminhos, especificando-se como tais desideratos encontram-se em determinado ponto.

Não vivemos sob modelo de política transformadora. Esse terceiro modo de política é uma possibilidade permanente. É realidade eventual e ocasional. Não é, efetivamente, uma experiência familiar.

Não nascemos livres. Muito longe de representar um natural e necessário resultado de luta rumo à reconciliação entre o autogoverno popular e o desenvolvimento de poderes instrumentais da humanidade, nossos já arraigados arranjos políticos, econômicos e sociais identificam o que ontem foi uma ruptura das linhas inimigas, mas que hoje se transformou numa prisão. Eles impõem limitações poderosas, desnecessárias, enfraquecedoras, destruindo nossas habilidades de fazer com que a pressão de nossos projetos e aspirações prevaleça sobre o destino imposto pelas instituições que herdamos.

Devemos explicar a sociedade e a história de um modo que tomemos o destino talhado pelas instituições sociais sobre nós mesmos de forma decisiva, mas não definitiva: como algo real, mas não eterno. E em seguida praticaremos mentalmente uma política transformadora, ainda antes que comecemos a fazê-lo concretamente no meio social em que atuamos.

Começo abordando três temas. Dois deles são argumentos centrais desenvolvidos ao longo do livro, a saber, a teoria das necessidades falsas e o fortalecimento da democracia. Um terceiro assunto permanece como pano de fundo, embora seja crucial ao argumento: quem somos e como poderemos nos transformar. O ser humano encontra-se no centro dessas idéias como causa e como conseqüência, como sujeito e como objeto da história. Não podemos admitir propostas de compreensão e reconstrução da sociedade que desrespeitem nossa natureza ou que façam presunções falsas sobre como e quanto podemos nos transformar.

Tratando cada um desses assuntos, procuro realizar três tarefas neste livro introdutório. A primeira delas consiste em redescrever, em síntese, características distintivas e direções de idéias que desenvolvo em outros trabalhos, a propósito de como melhor julgá-los, corrigi-los e completá-los.

Uma segunda tarefa consiste em dispor minhas idéias em contexto que ajude a explicá-las e a avaliá-las. Eventualmente esse contexto é histórico e intelectual, um conjunto de idéias mais amplamente explorado em outro livro de minha autoria, que em inglês tem o título de *Social Theory: Its Situation and Its Task*. Por vezes o contexto é histórico e social: um obscuro conjunto de avanços, recuos, desilusões, para com os quais as idéias que aqui apresento compreendem um ensaio de resposta.

A terceira tarefa consiste em apresentar propostas institucionais e explicativas como casos específicos compreendidos em conjunto mais amplo de idéias. O leitor poderá simpatizar com muitas das intenções que oxigenam a argumentação, reconhecendo a grandeza dos problemas que tocam. O leitor pode, no entanto, concluir que o livro fracassa em implementar adequadamente suas propostas. Eu pretendo ajudar o leitor a salvar a intenção do resultado.

As teses de necessidades falsas e de aprofundamento da democracia que aqui trabalho representam casos extremos tomados de conjuntos de possibilidades práticas e intelectuais, bem como representativos de situações especiais.

Nas necessidades falsas o argumento exemplifica um extremo de teorização social abstrata e compreensiva. Também ilustra uma radicalização da tese de que *tudo é política*. O que parece dado e pressuposto é apenas o que temporariamente evitamos como desafio e tarefa de reconstrução.

No entanto, podemos aceitar a importância das instituições formadoras e das crenças arraigadas na vida social, descartar o volume de presunções de necessidade com os quais esse reconhecimento comumente tem sido associado e aprofundar nossas perspectivas de fatalidade, de contingência e de revisão de perspectivas institucionais e ideológicas sem atingirmos esses extremos. Podemos nos recusar de falar por meio de teoria social sistemática e abstrata ou de tratarmos a estrutura da sociedade e da cultura como mera política sem nenhuma sensibilidade.

O argumento da teoria das necessidades falsas leva ao extremo a idéia de inovação institucional como ferramenta essencial para a realização de política transformadora. Também leva ao ponto máximo um compromisso de relaxamento das amarras de necessidades de recursos, de capital econômico, de poder político e de autoridade cultural, pelo qual desenhamos o futuro social dentro do presente contingencial.

Porém, podemos abraçar as propostas amplas do experimentalismo democrático – seu esforço para reorganizar a sociedade em um ambiente no qual as condições para o desenvolvimento misturam-se com as necessidades de emancipação individual – sem ameaçarmos a aceleração permanente de política transformadora como possível ou desejável. Nós podemos nos comprometer com o fortalecimento do indivíduo e das comunidades sem a suposição de que a principal força da inventividade humana deva ir para a sociedade, em vez de ser orientada para a vida individual ou para a experiência comunitária. Podemos aprofundar a democracia sem abraçarmos o programa de seu fortalecimento como melhor e única expressão de seu próprio desenvolvimento.

Há algo a corrigir na unilateralidade das idéias deste livro. Tiremos menos e coloquemos mais. Deve-se mostrar que a rebelião contra as necessidades falsas e a democracia relativa pode tomar formas múltiplas. No desenvolvimento do pensamento social essas muitas facetas são equivalentes, embora oscilantes, melhores em alguns aspectos, piores em outros. Na prática da política, entretanto, essas direções alternativas significam escolhas decisivas. Encorajam algumas formas de experiência individual e coletiva, desencorajando outras. Os arranjos institucionais que concebemos nos tocam até a medula, embora nunca tão completamente que percamos o poder de deixá-los de lado.

As doutrinas das necessidades falsas e do fortalecimento democrático, assim como as idéias sobre a natureza humana e seu enobrecimento que subjazem a esses corpos teóricos são casos especiais de um algo mais. Essas palavras introdutórias pretendem abordar o que esse algo mais possa ser.

Uma última tarefa consiste no enfrentamento da profunda e não subjugada dificuldade com a qual dialogamos em nossos esforços para vencer as necessidades falsas, radicalizando a democracia e o experimentalismo. Em cada exemplo, essa dificuldade revela mais cristalinamente o que está em jogo em minhas propostas explicatórias e programáticas, o que elas podem e o que elas não podem conseguir. Porém, não chego a afirmar que a dificuldade revele os limites máximos de nosso pensamento ou ação. É que não acredito que possamos conhecer esses limites. Do mesmo modo como me interesso pela orientação lógica de uma política transformadora, também exploro a política como um próximo passo. De igual modo, admito que as idéias sobre a compreensão da sociedade e da história configuram avanço em nossas percepções teóricas.

Na parte final deste trabalho demonstro como a campanha de descrédito das necessidades falsas e o aprofundamento da democracia podem propiciar visão mais cristalina da condição humana. Porque embora não possamos enxergar além do próximo passo em política ou em pensamento, podemos vislumbrar as consequências permanentes e universais de nossa capacidade constitutiva. Formatada tal perspectiva, podemos continuar na exploração das implicações dessas atitudes em relação a nossas condutas de vida, bem como no que toca à organização da sociedade.

Duas abordagens referentes à experiência histórica da humanidade que freqüentemente são vistas como antagônicas, estão aqui aproximadas e unidas. Há o reconhecimento de incompletude permanente, de conflito perene, de escolha inescapável. É efetivamente verdadeiro que o argumento das necessidades falsas possibilita-nos enxergar mais ampla e compreensivelmente, como condição e não como limitação no que toca à realidade e às possibilidades sociais.

Porém há também o reconhecimento de que a organização da sociedade ajuda na formatação de uma história mais familiar da humanidade, de nossos modos de imaginarmos e de tratarmos uns aos outros, pessoa por pessoa, conflito por conflito. A influência das instituições e práticas sociais atinge seu âmago, alimentando algumas possibilidades humanas que temos razão em valorizar, desprezando outras. Na escolha, coletiva, de tomarmos um caminho em vez de outro, também optamos por lutar com mais perseverança contra certos limites da humanidade presente, desprezando outros.

O problema é que nossos modelos de pensamento e de discurso a propósito de alternativas e soluções, por meio de conflito e de compromisso, têm sido há longo tempo prisioneiros de mitos fatalistas. Quando pensamos que nos libertamos das amarras desses mitos, apenas constatamos que trocamos de versão; mudamos a narrativa, porém continuamos prisioneiros de nosso fatalismo.

A TEORIA CONTRA O DESTINO

Nossa percepção de sociedade tem sido dominada por dois tipos de fatalismo. Cada um deles fala com voz distinta e tem-se a impressão de que criticam seus modelos opostos. No entanto, ambos concordam em associar a explicação da organização da sociedade presente com a justificação de sua necessidade. Essa necessidade precisa ser qualificada. Tal como se dá em âmbito de teoria social marxista, os fatos devem ser descritos como estágios temporários na evolução da humanidade, embora inevitáveis. Cada déficit em necessidade provoca diminuição em seu poder de explicação. Na medida em que as pretensões de necessidades diminuem ou encolhem, a ambição de explicação também diminui, fica enfraquecida e mitigada.

Um desses tipos de fatalismo tem raízes na teoria social clássica européia, com estações em Montesquieu, Durkheim e Weber. O marxismo tem sido seu expoente mais influente. O outro modelo de fatalismo é representado pelas ciências sociais positivas contemporâneas, particularmente no modo em que elas são praticadas em universidades norte-americanas.

A principal reivindicação plasmada no argumento sobre as necessidades falsas é que existe uma maneira mais adequada para compreensão de nossa experiência histórica e social: um modelo que imagina o real concebendo também o possível. Esta alternativa leva ao extremo a idéia paradoxal de que a ordem social posta em qualquer tempo é *apenas política*, uma ordem criada de tal modo que sempre poderá ser talhada de nova. A ordem social jamais representa o resultado inevitável de limites práticos e de forças normativas. Não se pode negar o peso e a força que os obstáculos exercem em relação às ações transformadoras. Trata-se, porém, de enfrentarmos tais obstáculos de maneira diferente e criativa.

A grandeza da teoria social clássica decorre de seu reconhecimento de que a sociedade é feita e imaginada pelos homens, em vez de nos ser dada como um fato natural; não é um dado, é um construído. No entanto, esta mesma teoria social clássica comprometeu o que esta idéia tem de forte, combinando-a com outras concepções que pareciam necessárias para uma explicação histórica e social um pouco mais ambiciosa.

A principal fonte de erro na tradição que culminou no marxismo tem sido freqüentemente entendida com o comprometimento de uma explicação funcional: um modelo explicativo que leva em conta a emergência e a difusão de um estado de coisas pelo poder de seus resultados. Por exemplo, uma perspectiva funcional poderia explicar o triunfo de determinada forma de organização social e do sistema de classes que a acompanha, invocando a sua contribuição para a expansão da produção e aumento da produtividade.

Porém, a tomar-se o exemplo do marxismo, pode-se constatar que a deficiência decorre menos do apelo de modelo explicativo funcional do que de conjuntura particular e causal, em relação à qual a teoria marxista outorga o papel principal. Tal fato decorre também da combinação da explicação funcional com certos movimentos intelectuais que se repetem, caracterizando o que denomino *teoria social estrutural profunda*. Enquanto o primeiro elemento parece ser peculiar ao marxismo, o segundo é característico de tradição de pensamento mais rica e muito mais variada.

A necessidade de garantir excedente de poder de coação tem supostamente sido, pelo menos em grande parte da história humana, a principal justificativa da existência da sociedade de classes. Os diferentes modos de produção, como Marx chamou os maiores tipos institucionais de organização social, deveriam representar o modelo deste excedente de poder de coação, desenhado para um nível particular de desenvolvimento de forças produtivas da humanidade.

Entretanto, a obtenção forçada dos excedentes acima identificados tem sido obstáculo e condição de progresso material apenas enquanto a humanidade permanece pobre e sem recursos. Desempenha papel secundário, até mesmo nas sociedades que Marx e outros cientistas sociais clássicos estudaram, e sua importância diminui de maneira regular. De outro modo, por exemplo, não poderíamos explicar como o nível de poupança poderia ter sido mais alto na China de Ming-Ching do que na Inglaterra no alvorecer da Revolução Industrial, ou por que a mesma Inglaterra revolucionou a capacidade de força produtiva da humanidade, enquanto a China vegetava em relativa estagnação econômica.

A retenção de recursos para consumo imediato tem sido há muito tempo sobrepujada em significação pelo poder decorrente da habilidade de inovação em idéias, organização e tecnologias. Se há vantagem funcional que assume importância cada vez maior, trata-se da plasticidade e da maleabilidade, e não da frugalidade: há capacidade de se reconstruir e, por conseqüência, de se reformatar também o ambiente institucional no qual agem indivíduos e nações, com base em um objetivo ainda maior, centrado na construção de um mundo melhor.

A maleabilidade instrumentaliza-nos para que mudemos instituições, práticas e presunções. A maleabilidade também nos proporciona condições para que possamos alterar nosso relacionamento com essas instituições, práticas e presunções. Isto exige que as subjuguemos com nossa visão e controle, diminuindo-se a distância entre atos ordinários que as tomem por certas e atos excepcionais que as desafie e as mude.

Temos interesse em diminuir a distância que transcende nossos limites em efetivamente progredir. Porque é apenas estreitando a distância entre reprodução e transformação da sociedade que podemos criar modelos mais amistosos para a libertação do indivíduo em relação a esquemas rígidos de papéis e classes, homenageando-se a vida infinita e contextualmente rica que há dentro de nós.

Destes fatos levanta-se uma possibilidade muita importante: a possibilidade de avançarmos em ambiente no qual as condições de crescimento econômico e inovações técnicas sobreponham-se com condições para emancipação e fortalecimento das pessoas em ambiente democrático livre. Uma série de requisitos institucionais para o fortalecimento da liberdade e engrandecimento individual também pode ter utilidade para progressos em nível mais prático. Um grupo de condições institucionais para o crescimento econômico e inovações técnicas também pode apoiar a libertação do indivíduo da opressão, realçando suas capacidades.

Liberais e socialistas teriam errado no passado quando acreditaram numa harmonia preestabelecida entre progresso geral e emancipação pessoal. Devemos reinterpretar essa idéia de se substituir a necessária convergência dessas melhoras, como possível reconciliação entre elas. Para realizarmos tal tarefa, entretanto, devemos nos habituar a pensar e a falar a propósito de alternativas de organização social.

Para agirmos assim, precisamos eliminar algumas idéias errôneas encontradas na história do pensamento social, que têm limitado e solapado nossa visão para com o fatal (mas não predestinado) caráter de nossas suposições institucionais e ideológicas. Como já adiantei, chamo de *teoria social estrutural profunda* a essas concessões ao determinismo. E é a ele, ao determinismo, e não à explicação funcional, ou ainda, o modo no qual se modela a explicação funcional, a quem imputamos os passos desastrosos e falsos das teorias sociais de maior influência nos últimos duzentos anos.

Agora que essa tradição grandiosa do pensamento está quase morta, que se percebe venerada e desconsiderada, tal qual cânone fechado e hermético que é, ou como a pré-história de uma finada ciência social, acredita-se que algumas ilusões têm sobrevivido a tais modelos. Aqueles que reivindicam ter repudiado os aspectos centrais de teorias como o marxismo, continuam a falar e a pensar como se ainda permanecessem sob seu jugo. Como de outro modo poderíamos explicar o uso de conceitos, como capitalismo, para designar o tipo de organização social e econômica com tal conteúdo pormenorizado, distintivo e indivisível? Ou a assunção de que, em dada sociedade, o interesse de uma classe social tem significado fixo de percepções conflitantes de como essa sociedade e suas divisões de classe devem se transformar, embora sejam muito fracas para exercerem qualquer influência?

Uma teoria social estrutural profunda reconhece a importância das instituições básicas e dos valores da sociedade. Entretanto, apresenta cada um de seus contextos informativos como exemplo de tipo geral, a propósito de capitalismo ou de economia de mercado. Vê-se a esse tipo como sistema indivisível: todos seus elementos agrupam-se ou desmoronam-se ao mesmo tempo. Os tipos são organizados em conjunto fechado ou em seqüência pré-ordenada de possibilidades históricas.

De acordo com este ponto de vista, nossa ação é, em sentido amplo, agente inconsciente e acessório de roteiro histórico que não temos competência para reescrever. Limitamos nossa ansiedade de explicação da sociedade todas as vezes que somos forçados, pelo aprendizado e pela experiência, a enfraquecermos nossa atenção ao que é recorrente e tipicamente indivisível, bem como a referências normativas, que supostamente governam esta percepção.

A tradição conceitual mais ortodoxa, responsável pelo desenvolvimento de concepções estruturais de descontinuidade na história, reconhecendo o papel de nossas suposições institucionais e ideológicas, terminou solapando o eixo de seu próprio pensamento. Aceitando a idéia de destino, tal tradição do pensamento confundiu a imaginação transformativa que de certa forma havia também suscitado.

Se o primeiro grupo de idéias que informa o argumento das necessidades falsas é polêmico em face da teoria social estrutural profunda, o segundo elemento é crítico para com as ciências sociais contemporâneas. Aqui eu tenho em mente a economia, a ciência política e a sociologia, áreas conceituais que trabalham com a organização da sociedade e não com a formatação cultural desta.

A prática das ciências sociais tem repudiado perspectivas deterministas da teoria social estrutural profunda, a exemplo da idéia de sistemas institucionais indivisíveis, a par de limitações intransponíveis e determinantes que governariam a história. Entretanto, na medida em que se libertam desses hábitos de pensamento, as ciências sociais positivas também esvaziaram de força explicativa a idéia de modelo social de instituições e de crenças.

Às vezes, como os economistas conservadores, esses teóricos do determinismo reivindicaram, direta e confidentemente, que um grupo específico de arranjos institucionais representa uma mais acabada versão, testada pelo tempo, de alguns conceitos institucionais abstratos, a exemplo da idéia de economia de mercado. E às vezes, e agora a exemplo dos economistas analíticos, estes teóricos resolveram o problema de como se pensar a estrutura formativa, e o fazem, evitando-a. Eles vêem seus papéis na formulação de instrumental analítico, inocentes de presunções normativas e empíricas, perfilando neutralidade à custa do vazio e do tautológico. Às vezes, também à maneira dos macroeconomistas pós-keynesianos, estes teóricos alcançaram resultado similar, mediante o reconhecimento da função e da moldura de princípios, embora reconhecidamente atuando para desconsiderá-los na prática.

A verdade é que nenhuma economia de mercado pode criar suas próprias presunções. Os três modelos de análise econômica desdobram estratégias que levam em conta instituições que definem o mercado por analogia, valendo-se do modo como se explicam decisões racionais, tomadas em um certo ambiente de mercado pré-concebido. Há três objeções a esse procedimento; e todas elas são fatais. Em conjunto, ilustram a natureza e a conseqüência da cegueira para com certa descontinuidade estrutural, além de diminuir a possibilidade de mudanças significativas no quadro das ciências sociais positivas contemporâneas.

Um primeiro erro consiste na deficiência em se reconhecer à extensão de indeterminação institucional o conceito de mercado. A economia de mercado pode ser organizada de várias maneiras, com conseqüências sociais as mais diversas. Tal fato consiste na mais importante descoberta realizada pela teoria jurídica ao longo dos últimos cento e cinqüenta anos, embora ainda não tenha vingado nas teorias econômicas. Suas implicações devem ter sido muito preocupantes para as ciências humanas e sociais aplicadas, bem como para a economia.

Objetar-se-ia que a organização de mercado, a exemplo de outras formas de instituições econômicas, consubstanciaria parte da vida institucional das pessoas. Se houvesse mente coletiva capaz de escolher organizações da vida prática, ela não optaria apenas com base em critérios de dinheiro. É que não compreenderíamos adequadamente os problemas se buscássemos apenas soluções para questões de produção e de eficiência, separando as dificuldades organizacionais dos graves problemas que caracterizam a vida social.

Uma terceira crítica refere-se ao fato de que não há forma única e incontroversa de se traduzir decisões maximizadoras produzidas em determinado contexto de instituições econômicas no que tange a decisões relativas a este próprio contexto. A escolha entre modelos alternativos de instituições de mercado não pode ceder a uma idéia simples de alocação de eficiência. É que cada uma dessas idéias pode surtir resultados apenas onde já estivermos estipulado um determinado e particular fundo institucional. Trata-se de um problema que falha em atormentar o analista quando enganadamente se identifica o conceito abstrato de economia de mercado com formas distintivas e contingentes. Isto é, aquelas que posam triunfantemente no presente como as últimas, como a melhor palavra referente ao que a economia de mercado poderia ser.

Algumas destas instituições podem funcionar melhor do que outras. Podem ser melhores, por exemplo, reconciliando a necessidade de se outorgar segurança às pessoas, abrigando-as em relação à proteção de interesses e capacidades, com a contrastante necessidade de sacudi-las e de libertá-las de suas necessidades mais animalescas. Conseqüentemente, alguns modelos organizacionais de mercado podem fazer mais do que outros para promover inovação e crescimento econômicos. Aqui, entretanto, tornamo-nos reféns de um mundo de conjecturas causais contestáveis e de alternativas institucionais incertas, distantes de certezas que se mostram vazias de eficiência alocacional dentro de um contexto completo de mercado.

A conseqüência será sempre a mesma, não importa a estratégia pela qual uma ciência social positiva como a economia invada a especificidade, a contingência e o efeito decisivo de modelos institucionais, definindo abstração institucional como a economia de mercado. Trata-se de enfraquecimento de nossa capacidade de compreender como os institutos básicos e as crenças gerais de uma sociedade são fundados, desafiados e transformados. Começamos a ver essa estrutura fundamental, simplesmente como resíduo de episódios incontáveis de compromisso entre interesses simples ou de soluções imperfeitas para problemas complicados, melhorados pela implacável convergência da boa prática.

Trata-se de perspectiva unidimensional, que explica todas as estruturas pelo modo através do qual nos damos conta do que se passa dentro dessas mesmas estruturas. A partir desta unidimensionalidade, desta redução da poesia à prosa, da tragédia à comédia, as disciplinas da cultura, com suas principais preocupações em significados divididos, construídos e contestados, oferecem alívio limitado. Às vezes, carregam para o reino da consciência os preconceitos da teoria de estrutura profunda. Trata-se, por exemplo, da concepção de uma forma coerente de consciência ou de ideologia que se encontra nos sistemas institucionais indivisíveis. Aliás, são tais sistemas os principais protagonistas da teoria da estrutura profunda.

Mesmo quando livres de tais preconceitos e conscientes de uma falta vital de unidade da cultura, continua-se sem força para se explicar a dupla relação entre espírito e estrutura, crença e instituição. O sinal desta impotência em relacionar significado com poder, consciência com ordem, indica certa fascinação com possibilidades espirituais que parecem insuficientes para serem traduzidas em ação e colaboração: tais possibilidades são os fantasmas de uma mente perplexa, derrotada por limites práticos. O estudo da consciência torna-se exatamente o que as culturas erudita e popular têm sido nas democracias ricas do Atlântico Norte: um escapismo das realidades que não podemos mais imaginar ou modificar. O contra-ataque passa a ser uma retirada, desmobilizando-se nossa imaginação programática.

As duas formas dominantes de pensamento social (os vestígios da teoria social clássica e a prática da ciência social positiva) agora falam juntas, como se formassem um dueto do destino. Às vezes, as perspectivas e o vocabulário destas duas teorias formatam uma só realidade conceitual. Outras vezes, as teorias de Marx, Durkheim, Weber e outros são tratadas como pré-história das ciências sociais de nossos dias.

Qualquer que seja a forma particular de coexistência entre estas teorias sociais, a conseqüência consiste em se apresentar a atual organização da sociedade como o resultado de uma evolução rumo às melhores e possíveis práticas e instituições. Muitas destas idéias decorrem de concepção hegeliana de direita, que percebe a história como uma vacilante, porém teimosa convergência para com a realização da razão. Trata-se de perspectiva que permanece plausível apenas enquanto não acontece muita coisa, enquanto não se verifica nada que possa alterar violentamente as rotinas do mundo tal como ele é e tal como ele se nos apresenta.

Para teóricos e cientistas, uma dentre as várias conseqüências desta perspectiva consiste numa distinção sutil entre conhecimento limitado, acessível ao agente da história e visão profunda quanto às necessidades colocadas ao nosso alcance, embora apenas retrospectivamente. Mas este contorno nítido pode não existir de fato. Nosso conhecimento teórico da sociedade não pode representar mais do que um aprofundamento do que já sabemos como agentes desta mesma sociedade.

A imaginação antecipa o trabalho crítico. É que imaginamos, fugindo do desatino e do desconforto em confrontarmos os limites insuspeitos de nossa compreensão.

Estou desenvolvendo uma perspectiva alternativa que desdobro em dois passos: inicialmente, por meio de cômputo de uma genealogia institucional das sociedades contemporâneas e em seguida como uma abordagem geral de explicação histórica e social.

Esta genealogia apresenta aspectos maiores e menores. Seu aspecto mais importante é negativo. Consiste em demonstrar que as instituições dos países ricos do Atlântico Norte não representam o natural e necessário implemento de imperativos práticos e de compromissos ideológicos, sintetizados no triunfo das democracias representativas, na economia de mercado e na sociedade civil livre. Elas não representam o que deveria ser uma economia de mercado regulamentada, jungida a circunstâncias de produção de massa e de conhecimento flexível. Elas não proporcionam uma forma inevitável de democracia representativa nas grandes sociedades. Elas não representam a forma livre que as sociedades civis com populações heterogêneas deveriam tomar. Tais arranjos institucionais – uma segunda natureza, um destino provisório – são mais bem vistos como estranhos e surpreendentes produtos da história dos conflitos práticos e ideológicos.

O aspecto menor desta genealogia institucional consiste na reavaliação de tema renegado pela moderna história do mundo ocidental. Trata-se dos limites e perspectivas de alternativa pequeno-burguesa, centrados em produção cooperativa e de pequena escala, assim como em democracia direta, inseridos naquilo que se tornou a maior rota institucional tomada pelos poderes vitoriosos no ambiente do Atlântico Norte. As preocupações que dirigem esta alternativa, agora suprimida, ganharam pertinência mais amena como resultado de desenvolvimentos recentes. Estes desenvolvimentos transitam pela substituição do modelo de produção fordista de massa para o interesse na combinação de elementos de uma democracia direta e representativa.

Entretanto, a alternativa pequeno-burguesa derrotada não pode ser ressuscitada e jamais poderia ter triunfado, em sua forma convencional. Pode ser factível e atrativa, apenas se nós reconstruirmos repertório institucional com a qual tem sido tradicionalmente associada. O pequeno produtor isolado, em qualquer campo da produção ou do conhecimento, não tem futuro. As formas convencionais de cooperativismo são insuficientes para ele.

Podemos reinterpretar as formas institucionais e o significado social de um projeto derrotado. Fazendo assim, nos instrumentalizaríamos para resolver um problema que se tornou urgente em nosso próprio mundo: como estendermos práticas avançadas e experimentais de produção que vão além das fronteiras da alta tecnologia e de setores de produção de conhecimento intensivo, em relação aos quais estas práticas permanecem confinadas.

Por trás destas preocupações negativas de genealogia institucional reside uma mensagem positiva. Uma vez livres do impulso de vermos instituições contemporâneas como resultado de um funil estreito de possibilidades, poderemos começar a encontrar em nossa história institucional fontes de reconstrução até então escondidas.

A genealogia prenuncia e exemplifica um modo geral de compreensão de como modelos institucionais básicos e percepções ideológicas da sociedade são formatados e refeitos. Esta abordagem compreende três elementos principais. Em conjunto, definem o modo de se imaginar a descontinuidade institucional e conseqüentemente também de informar a imaginação programática.

O primeiro elemento desta abordagem é o aspecto seqüencial. Trabalhamos com materiais institucionais e conceituais gerados por prévia sucessão de conflitos e de compromissos, que aumentaram o repertório de soluções que produziram, sem muita pressa. Na extensão e na medida em que diminuímos a distância que separa nossos contextos ordinários de reprodução de atividades, em relação a um contexto extraordinário de mudanças, limitamos nosso poder de continuidade.

O segundo elemento consiste na vantagem que se confere a um conjunto de medidas, dada uma relativa plasticidade: o grau em relação ao qual este grupo de medidas se insere junto à abertura para desafios e mudanças. A plasticidade desses arranjos instrumentais é por sua vez ligada casualmente à plasticidade das relações sociais: o alívio com o qual as pessoas podem reordenar suas inter-relações e seus recursos com o objetivo de uma inovação concreta e efetiva. É precisamente este segundo elemento que justifica a utilização de uma explicação institucional. É ele que dá conta de que existe parcela da verdade em uma abordagem de sabor darwiniano, no que toca a evolução da sociedade. Libertamos esta idéia evolucionária de conotações necessárias, mediante ruptura com percepções de uma teoria social profunda.

O terceiro elemento é a provisória, porém forte densidade adquirida por um modelo institucional e ideológico, uma vez de que o conflito em relação a seus termos básicos seja temporariamente interrompido. A ordem produzida pelo conflito e pelo compromisso torna-se um padrão de compreensão para grupos de interesse e de identidades, pela maneira como técnicas e tecnologias são adaptadas para se estabelecer um grupo de relações de trabalho entre as pessoas, e mesmo crenças em relação à realidade social e à possibilidade codificada na prática e nos discursos profissionais da sociedade. Subsumidas a este modelo, estas forças emprestam uma segunda ordem de necessidades. Conseqüentemente, o que surge como trégua, termina parecendo-se com o que as coisas deviam ser.

Os estilos dominantes de pensamento conferem a qualquer modelo institucional e ideológico uma aparência de necessidade. O discurso político e econômico, bem como a prática da análise jurídica, protagonizam papéis proeminentes na tarefa de transporte da força bruta e do compromisso contingente para a razão e a piedade.

O discurso político e econômico consiste em um modelo democrático que tributa e depois transfere, que toma e depois distribui. Na política econômica da segunda metade do século XX, o pano de fundo deste discurso constituiu uma tentativa de se aproximar requisitos de gerência contra-cíclica da economia com o compromisso de popularizar oportunidades de consumo. A correspondente expressão filosófica tem sido uma teoria redistributiva da justiça pautada mais nos resultados do que nos modelos institucionais, e mais na igualdade do que em idéias de fortalecimento ou de engrandecimento.

O discurso normativo consiste na prática de uma análise jurídica determinada a melhor formatar o Direito e os arranjos institucionais com os quais este Direito trabalha em pormenor. Reconstrói-se racionalmente o Direito como imperfeita porém aproximada expressão de princípios de aplicação geral e de políticas reativas e protetivas do bem-estar coletivo, em vez do implemento de compromisso contingente entre conflitos de interesse e de percepções, no que tange ao que o Direito realmente seja. Por meio desta *mentira nobre* pretende-se melhorar as coisas para aqueles que sofrem em demasia. Entretanto, isto se dá ao custo de instituições ideais e de cidadãos fragilizados, para quem os notáveis do Direito anunciam os segredos e os melhores significados desse mesmo Direito que dominam em proveito próprio.

Conseqüentemente, a piedade toma o lugar do *insight* e da compreensão. Repetida e ornamentada, uma segunda natureza da sociedade passa a parecer com a própria sociedade. Cansadas da guerra e da incerteza, as pessoas preferem obter o máximo e o melhor daquilo que elas já possuem.

Como uma perspectiva não determinista aqui desenvolvida poderia ser aplicada para se compreender um país particular, a exemplo dos Estados Unidos da América? Trata-se de exemplo de interesse peculiar, por duas razões.

A primeira delas decorre do fato de que uma convergência institucional toma lugar sob influência hegemônica dos Estados Unidos. Globalização transformou-se em eufemismo para americanização.

A segunda razão radica no fato de que a americanização é a idéia que toca no propósito deste livro: o experimentalismo democrático, traduzido no programa institucional para o fortalecimento da democracia. Tão próximas, mas também tão distantes. É que o programa que aqui proponho tenta conferir efeito prático à idéia que ocupa local central na cultura pública dos Estados Unidos: a concepção de que os terrores dos aparentemente intratáveis problemas cedem, passo a passo, para a ingenuidade prática de homens e mulheres comuns. Quando estas pessoas estão adequadamente equipadas e liberadas dos ônus do desrespeito e do enfraquecimento, tem-se nova regra: *o céu é o limite*. Minhas idéias, tão vizinhas dos credos dominantes nos Estados Unidos, no entanto, em seus aspectos cruciais, permanecem muito distantes destas crenças.

Os Estados Unidos da América de hoje são um país com uma sociedade muito menos democrática do que seria se não houvesse sido abandonada a tentativa iniciada por intermédio de organismo governamental de homens livres, no desate da Guerra Civil, com o objetivo de então se combinar a emancipação civil com o avanço econômico e educacional dos escravos libertos. A decisão subseqüente de tratar o problema racial como questão preliminar, para ser enfrentada antes que o país pudesse dialogar com outros problemas, como a injustiça de classe, teve efeitos duradouros. Isso contribui para a concepção de políticas que, até o presente dia, fixam-se desconfortavelmente entre duas missões. Estas políticas não implementam adequada e completamente nenhuma destas missões e fazem com que a exceção de uma delas pareça ser o obstáculo para a obtenção da outra. Um dos objetivos consiste na luta contra a discriminação racial. E outro consiste na melhora das condições de subclasses sociais racialmente estigmatizadas.

Políticas confusas e indiferentes, perdidas entre os objetivos acima enunciados, produzem alguns benefícios que são apropriados desproporcionalmente por setores da classe dominante de origem afro-americana, suscitando incontáveis ressentimentos, vividos por brancos que não lograram sucesso, de forma real ou imaginária. O resultado tem frustrado o desenvolvimento das necessidades de uma maioria progressista em termos raciais no país, se o caso é manter as promessas de democracia para a maioria dos trabalhadores.

Um caminho fechado já há bom tempo deveria ser reaberto como uma alternativa para o problema. Os norte-americanos necessitariam distinguir a vedação de discriminação no que toca ao compromisso de salvar grupos mais oprimidos, não importa se racialmente estigmatizados ou não, de formas de exclusão e de incapacidade, em relação às quais estes grupos não estariam instrumentalizados para se livrarem, por conta de seus próprios esforços. Os norte-americanos estariam então aptos para diminuir o ônus que a estrutura de classe dos Estados Unidos impõe nos ideais de igualdade, de oportunidade e de autoconfiança, dada a influência esmagadora que a transmissão hereditária da riqueza e das oportunidades educacionais continua a exercer com relação às chances e ao destino das pessoas.

De outro modo, no entanto, os Estados Unidos são um país muito mais democrático do que seriam se não obtivessem sucesso em dois movimentos que tiveram muita influência na formatação da política norte-americana do século XIX. Refiro-me ao movimento para a organização da agricultura familiar com base em parceria entre as famílias de agricultores e os governos nacional e local, bem como entre famílias competidoras. Menciono ainda o movimento para descentralização do sistema bancário, tornando o crédito factível para pequenos e médios produtores.

Não se trata de esforços para que controlar a economia de mercado, ou para regulamentá-la, como o tímido conservadorismo de época posterior finge ter engendrado. Houve tentativas de organizar o mercado de modo menos hierárquico. A questão que se colocou fora mais quantitativa do que qualitativa. Por isso, perguntava-se *quanto* e não *que* tipo de mercado.

Não se consegue deduzir estes compromissos institucionais de abstrações, a exemplo de democracia ou de economia de mercado. Ainda, é precisamente a acumulação de compromissos como estes que dá à democracia americana as características que ela tem, e concedido qualidade única até para suas atitudes e preconceitos mais enganosos. Nossos ideais e interesses, não importam quão nobres e ambiciosos, estão impregnados nos modelos organizacionais práticos que os representam.

Outro e posterior exemplo indica como tem sido redesenhado o modelo institucional que caracteriza esta segunda natureza dos Estados Unidos.

Na grande crise da década de 1930, marcada por colapso econômico sucedido pela guerra, a administração Roosevelt propôs dois conjuntos de reformas institucionais. E estes conjuntos encontraram destinos diferentes. Algumas reformas, como a do programa de *Social Security,* de seguro social, foram formuladas para assegurar direitos básicos para a proteção quanto aos extremos da insegurança econômica. Essas reformas tiveram êxito.

Um outro grupo de iniciativas, exemplificadas pelo *National Recovery Act*, pela Lei de Reconstrução Nacional, fora concebido tanto para levantar o nível de atividade econômica como para democratizar as oportunidades de acesso a ela. A ferramenta central deste segundo conjunto de mudanças deu-se com uma série de parcerias entre o governo e a iniciativa privada, com a regulamentação da competição, favorecendo-se o trabalho e os pequenos negócios. Aplicou-se a outros setores da economia um princípio que fora espetacularmente bem sucedido na organização da agricultura norte-americana. Este segundo projeto falhou na obtenção de apoio necessário para ser testado. A Suprema Corte declarou a inconstitucionalidade do modelo.

Durante a Segunda Guerra Mundial, no entanto, o que fora até então rejeitado ganhou vida e aceitação. O *New Deal* reorganizou elementos da economia de mercado. Falhou, entretanto, em controlar a depressão econômica, que retornara com ferocidade no biênio 1937-1938. O que reergueu o nível de atividade econômica não foi um modelo proto-keyneseiano praticado pelo governo norte-americano. Deve-se o reerguimento norte-americano ao esforço coletivo de guerra. Ao longo daquela luta o país realizou o segundo grupo de reformas, até então repudiado.

Vivendo em economia de guerra, os norte-americanos praticaram vingativamente uma mobilização coordenada de recursos materiais e pessoais, valendo-se do governo e da iniciativa privada. Tal modelo fora intransigentemente rejeitado pela doutrina dominante. Não apenas fizeram o que as idéias triunfantes reputavam como impraticável ou fadado à derrota, mas realizaram um programa jamais implementado anteriormente. Matizaram-se estas realizações, no entanto, como um sacrifício de guerra em vez de uma antecipação em tempos bélicos de práticas que deveriam ser perpetuadas em épocas de paz.

Com o fim da guerra, os norte-americanos retomaram a versão pretérita de instituições de mercado, agora emendada por comprometimentos para com a proteção contra a extrema insegurança econômica, de modo a se dirigir à economia de forma contra-cíclica, orientada para maior consumo. Tal prática fora codificada como nuclear dentro de consenso cada vez mais internacional, no que concerne ao que a economia de mercado exigiria e permitiria. Tivera, entretanto, menos a ver com suposta lógica de um tipo geral de organização econômica, do que com história singular de compromisso e de concessão, de inovação e de reação.

Em política econômica tais eventos têm sido influenciados de maneira poderosa por arranjos institucionais e por certas atitudes em política. Os norte-americanos reverenciam a Constituição daquele país. Para o bem ou para o mal, tratam-na como um conjunto normativo e diretivo mais ou menos permanente, inseparável da identidade da República. Quando há necessidade de mudança na Constituição, em vez de emendá-la, prefere-se fazer de conta de que o texto constitucional significaria algo até então não percebido. É mais fácil, entretanto, implementar-se em certas áreas uma hermenêutica reconstrutiva, a exemplo do que se faz em relação a direitos fundamentais, o que já não se realiza em outros campos de regulamentação, como a pormenorização do modelo de governo. Um compromisso para com uma Constituição cujo entendimento seja perene impõe certo preconceito interpretativo para com a reavaliação e a reordenação de direitos, verificando-se distância para com uma reformatação constitucional sincera.

Durante a confecção da Constituição norte-americana, o projeto liberal de fragmentação do poder fora ligado, desnecessária, porém duradouramente, ao projeto conservador de se limitar o espectro da política. O esquema madisoniano de freios e de contrapesos determina uma correspondência rudimentar entre o alcance transformativo de cada projeto político e a severidade dos obstáculos que devem ser vencidos para que estes projetos sejam executados. Uma força progressiva pretende manter o compromisso liberal enquanto se esconde de um processo conservador.

Conseqüentemente, uma reinvenção ocasional da democracia norte-americana ao longo da história do país tem ocorrido contra um conjunto de arranjos e de idéias que faz das crises prelúdio indispensável para o uso transformador da política. A atitude para com a Constituição – tirar o melhor dela por meio de interpretações idealizadas disfarçadas na linguagem de princípios e políticas – tem sido embutida no direito como um todo. Por conta do conceito do excepcionalismo norte-americano têm-se eximido as instituições norte-americanas (e nada mais na sociedade e na cultura) da pressão do experimentalismo típico daquele país.

Este discurso norte-americano que nos dá conta de que os compromissos são desfeitos apenas por crises e por superstição institucional é típico apenas entre certos grupos particulares. Demonstra os limites extremos de uma atitude agora amplamente reproduzida em todo o mundo, embora com resultados menos felizes. Não podemos descobrir como agir dentro de possibilidades transformativas suprimidas, seja nos Estados Unidos ou em qualquer outro lugar, até que consigamos desenvolver um modo de compreensão da história e da sociedade que esteja livre das ilusões das necessidades falsas. Tal perspectiva iria substituir a racionalização retrospectiva de modelo institucional e ideológico pelo reconhecimento de sua singularidade, de sua contingência, de seu estranhamento e, acima de tudo, de sua suscetibilidade para reimaginar e refazer.

O fracasso em se democratizar mais completamente os Estados Unidos, combinado com a ilusão de que os fundadores da república norte-americana conceberam modelo institucional natural e necessário de sociedade livre, ajuda a explicar a volátil, elástica e relativa invisibilidade do sistema de classes no país. Este sistema encontra-se agora de forma muito simplificada em fatos sociais, da mesma maneira como se encontrava erroneamente descrito no discurso público. As classes principais são compostas de profissionais e de dirigentes empresariais, uma pequena classe de homens de negócio, uma classe trabalhadora – com segmentos que realizam serviços mais sofisticados (*white-collar*, o colarinho branco) ou mais simples (*blue-collar*, o colarinho azul), a par de uma subclasse. Vários episódios de mobilidade social às vezes ocorrem na história dos Estados Unidos, a exemplo da transformação dos filhos de milhares de agricultores em trabalhadores industriais e dos filhos destes últimos em trabalhadores do setor de serviços. Entretanto, além destes episódios terem acontecido já há muito tempo, eles apenas proporcionaram a migração do trabalhador de uma classe para outra.

Não obstante, por muito de sua história, o sistema de classes nos Estados Unidos tem sido encoberto pela suposição de que há oportunidades ilimitadas além de ausência relativa de classes sociais. Contribuem para este resultado experiências reais, porém atípicas de enriquecimento pessoal, a falsa idéia de que os Estados Unidos teriam encontrado em suas instituições livres uma fuga definitiva da velha história européia de classes e ideologias, o envenenamento racial da política trabalhadora, e a dificuldade em se agir politicamente dentro do desejo difuso de resistir à injustiça de classes, exceto em virtude do estímulo de crises nacionais.

A história da criatividade norte-americana, no que toca à personalidade e à política, não é mero subproduto da trajetória institucional daquele país. Entretanto, os norte-americanos criam o ambiente de seus sucessos e fracassos na medida em que imputam às suas instituições uma relativa isenção ao alcance do experimentalismo típico do país, iludindo-se ao acreditarem que encontraram o mais perfeito e acabado caminho para a liberdade e para a prosperidade. Acabaram riscando em lugar não apropriado uma linha que separa as condições perenes de nossa existência (às quais estamos vinculados e somos obrigados a aceitar) das condições e circunstâncias modificáveis da sociedade, que precisamos continuar a desafiar e a modificar, se pretendemos escapar da idolatria e da submissão.

Na medida em que falham em reconhecer o quanto poderiam aprofundar a democracia, democratizar o mercado e melhorar o modelo de auto-organização da sociedade civil, os norte-americanos fracassaram na tentativa de aquisição de ferramentas conceituais e práticas, tão necessárias para a reforma do país. Vêem-se limitados na possibilidade de encontrar alternativas para as opções exauridas da tradição progressiva do país, a exemplo da escolha entre redistribuição corretiva levada a efeito pelo governo federal (à maneira de Franklyn Roosevelt) ou apoio aos pequenos empresários contra os grandes conglomerados econômicos (como proposto por Louis Brandeis). Negam a si mesmos os meios com os quais podem efetivar a eficiente expressão pública da combinação entre ingenuidade e generosidade que os caracteriza. Eles se entregaram ao poder dos grandes conglomerados econômicos porque não conseguiram perceber alternativa que poderia manter a energia e a liberdade do mercado. Eles se impediram de enfrentar, ou mesmo de reconhecer completamente, a severidade dos ônus que o sistema de classes impõe ao princípio da igualdade de oportunidades.

E ao mesmo tempo em que os norte-americanos se diminuem ao mitigarem a política e ao fazerem o que é corrigível parecer inescapável, eles se rebelam contra os limites da existência humana. Entregam-se completamente à iniciativa individual de autopreservação, de autocrescimento e de auto-salvação. Sob a condição de que estariam valorizando a autoconfiança, teriam falhado em enxergar como a capacidade individual exige a garantia de dotações econômicas e educacionais ao indivíduo. É necessário um mecanismo de herança social que liberte as pessoas da dependência de heranças familiares que propiciam a injustiça.

Verifica-se aqui um desvio e uma heresia no desenvolvimento e na realização da crença que se encontra no âmago da democracia: a doutrina do gênio que habita homens e mulheres normais. Não se trata de simples erro político; trata-se de perversão espiritual, de substituição do esforço de encontrar o infinito dentro de nós mesmos por intermédio da tentativa de negar a finitude de nossos poderes e de nossas vidas. E isto carrega a mensagem enganosa e perigosa de que cada um de nós pode salvar-se a si mesmo.

Necessidades falsas desenvolve um conjunto de idéias que tornam mais fácil a distinção entre experimentalismo democrático comprometido com a ilustração, emancipação, fortalecimento e a perversão deste experimentalismo.

Mas não é suficiente apenas desejar tal resultado. Carecemos de hábitos mentais, de métodos de pensamento e de compreensão da sociedade, valores que precisamos alcançar e manter. E porque tais idéias criticam a forma americanizada de globalização que presenciamos, também se critica os Estados Unidos e o credo que matiza aquele país.

Como se relacionam as propostas de *Necessidades falsas* com as idéias dominantes no cenário atual do pensamento histórico e social? O esforço para reconhecer o panorama das sociedades contemporâneas como um destino que pode ser transformado tem deixado traços em muitas abordagens contemporâneas em tema de sociedade e história. Este destino, que pode ser transformado, combina em sua constituição funcional algumas vantagens com aspectos incidentais e compromissos ímpares e é conseqüentemente capaz de ser reconstruído em imaginação e refeito em política.

Algumas destas abordagens para a descoberta de oportunidades de transformação são empíricas e especializadas. Outras são compreensivas e especulativas. Tudo permanece incompleto: fracassa-se em se conectar um modo geral de se pensar nossa experiência social com uma visão de oportunidades de mudança. Como conseqüência, à revelia, deixa-se o campo aberto para a perspectiva que nos dá conta de que nossos modelos sociais básicos devem ser aceitos como dados ou então que devem ser humanizados por meio de redistribuição compensatória da riqueza ou por intermédio da assistência social.

Uma conseqüência decorrente de tal perspectiva consiste em mover a fronteira da energia e do experimentalismo para a biografia individual e para as contradições da cultura. Se nossos grilhões são as instituições sociais e se nossas melodias são as conquistas do espírito, estamos liberados para cantar junto a estas correntes que nos aprisionam. A aproximação entre realidade institucional e possibilidade transformadora e ambição parece esperar a próxima crise, como se a vontade e a imaginação necessárias precisassem de interrupção violenta das rotinas da sociedade contemporânea para que uma possibilidade transformadora real pudesse fazer sentido e produzir efeitos.

O criticismo interno do pensamento histórico e social e os aspectos pontuais mais amargos da experiência persistem em lembrar-nos que a presente organização social é simultaneamente contingente e imperfeita. As provas de aprendizado histórico e de ação prática restam enfraquecidas com a tentativa de compreender esta situação como expressão natural e necessária de categoria institucional abstrata, a exemplo de capitalismo ou de economia de mercado, com seus diferentes elementos indissociavelmente ligados, com vistas a leis coagentes de reprodução e de mudança. Dissolve-se esta tentativa tão cedo comecemos a estudar tal "sistema" ou tão logo comecemos a lutar para reformá-lo, principalmente se colocarmos todas as coisas em um mesmo lugar.

O que é reconhecido como contingente, entretanto, não precisa necessariamente ser testado como efetivamente passível de revisão por nossa parte. Podemos nos sentir privados tanto de oportunidades práticas para reorganizarmos a sociedade, quanto de meios intelectuais de apreensão destas oportunidades de transformação. Esta combinação de reconhecimento contingencial e de transformação esquiva contamina nossa experiência presente de sociedade e infecta, em extensão maior ou menor, todas as formas contemporâneas de estudo social e histórico.

Como progredir a partir do reconhecimento contingencial dos arranjos sociais para a imaginação de alternativas factíveis? Devemos combinar um meio de compreendermos a nós mesmos como seres não exauridos por contextos institucionais e culturais com uma forma de pensar sociedade e cultura que demonstrem como, a cada momento, partimos de onde estamos para o passo seguinte, com materiais limitados e circunstanciais que temos a nossa disposição.

A ciência e a teoria sociais contemporâneas apresentam muitos destes elementos, ainda que de forma incompleta no que toca a tal empreendimento, mas não no que se refere à empreitada em si. É como se nós precisássemos ter olhos abertos e vigilantes para os eventos que sacodem nossas bases.

Consideremos três exemplos relativos à rebelião incompleta contra o pensamento social determinista.

No estudo da organização industrial há um crescente conjunto de estudos relativos a resultados e alternativas pertinentes à produção em massa, aos processos de produção e suas tecnologias rígidas, a divisões empobrecedoras entre tarefas de supervisão e de execução, bem como entre trabalhos de mera execução, além dos contrastes exagerados entre os domínios da vida social atribuídos à cooperação e à competição. Tal massa de estudos percebe a emergência de um modelo de produção mais flexível, proporcionando a flexibilização, nivelando camadas de hierarquia, desordenando tarefas até então especializadas e misturando cooperação com competição, tudo no interesse de aprendizado coletivo acelerado.

Alguns dos que cultivam este gênero esperam aliviar de modo diminuído e plausível a ilusão marxista que nos indica que o experimentalismo democrático pode transitar ao longo da conveniência prática ou da necessidade. Mais democracia e mais experimentalismo decorreriam do alastramento desta lógica de inovação permanente. Tal atitude mental migraria dos setores avançados da indústria para âmbitos mais amplos da economia. Eles se esquecem de que toda vantagem prática pode ser concretizada, com sucessos mais ou menos equivalentes, por meio de conjuntos alternativos de modelos e arranjos, com diferentes resultados em relação à maneira como as pessoas vivem e em relação às chances de vida que essas pessoas têm.

Estarão estas novas práticas de inovação permanente confinadas a nichos marcados pelo privilégio? Ou estarão disponíveis a setores mais amplos da humanidade? Respostas para tais perguntas dependem de idéias e de instituições que democratizem o mercado e aprofundem a democracia. Não podemos transitar de onde estamos para este ponto desejável com base em mera superioridade prática de instituições sociais mais igualitárias e inclusivas. A democracia não avança como parasita da eficiência. Tudo que se pode esperar é o encontro com uma contradição que não seja insuperável entre nossa posição no crescimento econômico e na inovação tecnológica no que toca à inclusão social.

O estudo de formas emergentes de produção flexível pode revelar oportunidades para reconciliação destes interesses. Pode-se até sugerir afinidade concreta existente entre experimentalismo subversivo, do qual depende todo o progresso prático, e a emancipação dos indivíduos de papéis hierárquicos predeterminados, que é a aspiração da democracia. Não se pode, entretanto, gerar-se o conteúdo institucional de modos de desenvolvimento de mercados, democracias e sociedades civis que nos moveriam rumo a tais objetivos. E também não se demonstra como pensarmos corretamente a relação entre opções institucionais e limitações práticas ou oportunidades. Não se trata do germe de uma teoria social antideterminista. Trata-se simplesmente de outra incitação para o seu desenvolvimento ou de um outro pretexto para que seja evitada.

A escrita da história tem presenciado renovado interesse em historiografia não factual, centrada no que teria acontecido. A questão consiste em desenvolver um método de análise histórica que dissocie o reconhecimento do fortuito e a possibilidade decorrente de antipatia por explicações estruturais, explicações que levem em conta instituições e crenças organizadas, assim como indivíduos e acontecimentos efêmeros.

O paradoxo central de análise não factual consiste em que uma vez que ultrapasse a superfície das personalidades e dos eventos, trate-se com rapidez e desleixo considerações pertinentes aos porquês de as coisas acontecerem da forma como efetivamente acontecem. Suspendemos nossas conjecturas casuais sem desejo de deixar de lado, e de uma só vez, explicações mais generalizadas, que se encontram no âmago destas conjecturas. Para manter o controle intelectual sobre esta revisão parcial de nosso pensamento, necessitamos de programa de reforma em relação a nossas práticas explicativas. Tal programa deveria demonstrar como a relação entre limitação e contingência torna-se ela mesma um sujeito da ação na história. E não se trata apenas de um dado. Possuímos instrumentos para modificarmos esta relação. De fato, devemos mudá-la se temos em mente reconciliar mais amplamente nossos interesses no progresso prático e no fortalecimento individual.

Todo modo de organizar a sociedade parece muitas vezes ser determinado pelos seguintes aspectos: o que acontecera anteriormente, quais interesses poderosos e quais preconceitos dominantes estariam dispostos a ceder, a par do que deveria ser feito para implementar trabalhos práticos junto à sociedade, tal como definido pelos mesmos interesses e preconceitos. Por conta de paradoxo muito interessante, no entanto, esta determinação poderosa torna-se mitigada e anêmica. Soluções e trajetórias alternativas podem sempre passar por tripla prova, com idêntica possibilidade de sucesso. Como resultado, eventos e encontros, temperamentos e ilusões têm uma chance de se modificarem no desenvolvimento da ação.

Agimos quase sempre ordinariamente em ambientes práticos e discursivos os quais, aliás, tomamos como corretos. Trabalhamos sem questionar as instituições que nos foram moldadas pelo passado, este último aleatoriamente vinculando seqüências de mudanças culturais e sociais. Conseqüentemente, parece que às vezes somos escravos das circunstâncias, qual fôssemos o objeto deste excesso de determinação, enquanto outras vezes somos trôpegos em nossos desejos, vítimas de nossas idiossincrasias de perspectiva e de temperamento. Entretanto, podemos começar a escapar desta servidão dupla. Para ganharmos esta liberdade, devemos articular nossas instituições e discursos de modo que eles promovam autocorreção, em vez de se verem envolvidos por névoa de naturalidade e de autoridade.

Democracia é a tentativa de alcançar tal objetivo para a humanidade toda, em vez de atender apenas a grupo seleto. Atrações morais são reforçadas por vantagens práticas: temos mais chance de sucesso concreto na vida social quando desenvolvemos modelos que tiram vantagem das energias de tudo e de todos, e avançam inspirando energia em todo o mundo também.

É na crença em tal perspectiva que podemos aprender a reconhecer a possibilidade de enfrentarmos reveses e acidentes de percurso sem abandonarmos uma tentativa de esboço de explicação compreensiva. Começaríamos então a resolver o paradoxo de análise não factual: seus equívocos em relação a nossas conjecturas causais já sedimentadas. Uma análise não factual, a exemplo do estudo de modelos alternativos para a produção industrial, não substituiria um projeto mais ambicioso. Apenas prevê seu conteúdo e incentiva seu desenvolvimento.

Um terceiro exemplo de movimento referente à abordagem esposada no presente livro é de ordem distinta. Trata-se da tentativa de se desenvolver uma perspectiva fundamental da vida social que faça justiça ao amálgama de representação, cálculo e de paixão nos encontros que formam as peças da vida social. Nos últimos anos, o sociólogo francês Pierre Bourdieu ofereceu o exemplo mais bem acabado de tal abordagem. Seu antepassado conceitual mais próximo é o primeiro Heidegger: o Heidegger da primeira parte de *Ser e tempo*.

Os defensores de tal perspectiva acreditam na necessidade de se encontrarem palavras específicas com as quais se possam descrever exemplos de conflitos e de experiências a partir das quais construímos a vida social. Mas estão enganados. Nenhum vocabulário especial pode competir em alcance, sutileza e sugestibilidade com as palavras disponibilizadas pelas línguas espontâneas que falamos. Porque se é verdade que estas línguas carregam a marca de todos os fatalismos teóricos do passado, elas contêm também todas as defesas contra as necessidades falsas que experiências sociais diretas podem proporcionar.

Um vocabulário carregado de experiências sociais genuínas protege-nos de uma significação conceitual vazia, lembrando-nos que o poder fala por meio de línguas e de significados astutamente manejados. As palavras da vida cotidiana também testemunham a obscuridade e a inexistência de limites que transitam com nossos atributos que tanto endeusamos. Não pode ser motivo de espanto se tal vocabulário pode nos ajudar, de acordo com a passagem de Marx, a ascender ao concreto.

Trata-se do princípio de abordagem de explicações sociais e históricas que desenvolvo aqui, e que nos dá conta de que não existe uma mais ampla descontinuidade entre o que compreendemos como agentes e o que percebemos como teóricos. A teoria trabalha para filtrar, purificar, ampliar e aprofundar as perspectivas disponíveis àqueles que agem. A ênfase centra-se na afinidade existente entre ação e imaginação; o fatalismo é atitude muito antes de ser visão.

O fatalismo nasce da falta de ação; trata-se da alucinação encorajada por passividade contemplativa e sonâmbula. A esperança, pelo contrário, tem afinidade com a imaginação. É mais conseqüência do que causa da ação. Logo, ajuda a formar as possibilidades que realmente enfrenta, em vez de simplesmente prevê-las, como se controlássemos eventos naturais de distância bem segura.

A superioridade das línguas espontâneas em relação a qualquer vocabulário técnico carece de visão de pessoa e de sociedade antideterminista e antinaturalista que nos ajude a dominar o contraste entre o alcance de percepção romanceada e a objetividade das ciências sociais positivas. No contraste da concepção de descontinuidade estrutural com visão de possibilidade transformadora, a objetividade científica atrai e irrita a mente com claridade falsa. Desenha objetos disfarçados de pessoas.

Sem antes implementar tal tarefa, não podemos saber até que o ponto o ser humano é responsável por seu destino e em que medida esta responsabilidade trata-se de descrição realista ou de mito inspirador. Tendo afirmado, em princípio, o aludido e existente caráter no mundo humano, corremos o risco de sermos novamente envolvidos pelo fatalismo e pelo naturalismo em relação aos quais já nos julgávamos livres. É o que iria acontecer se tivéssemos tratado a nossa própria constituição pessoal como "natureza humana", como elemento invariável na história, nos instrumentalizando a compreender e a julgar tudo o que de mais existe.

Estamos na fila de espera. Esta idéia de contextualização de poder não chega a ser verdadeira ou falsa. Tem-se, porém, a possibilidade dentro da qual podemos fazer o bem e fazer as coisas bem feitas, e em direções diferentes e com efeitos distintos. Até o momento em que formemos perspectiva de confecção e de desmanche desses contextos não estaremos credenciados a termos idéias sólidas sobre nós mesmos, exceto em temas menos importantes, expressos em teorias universais.

As classes profissionais e educadas das democracias ricas do Atlântico Norte compartilham de expectativas muito baixas em âmbito político. A busca de formas alternativas de organização social parece desacreditada pelas aventuras ideológicas catastróficas do século XX e tornaram-se supérfluas quanto aos comparativamente bons tempos em relação ao quais esses mesmos grupos estão agora cheios de saudosismo. Uma cultura mais erudita e mais elevada revela a eles algo em que já acreditam profundamente: ambientes mais alternativos e propícios para aventura são os ambientes do mundo dos negócios e das artes, não conectados com propostas de redesenhamento do espaço público.

Em tal circunstância, a concepção de homem como agente do pensamento social e filosófico é passível de confirmar uma história plasmada em cultura mais sofisticada: a quebra de limites é missão do empreendedor de negócios e do artista; um sóbrio serviço devotado a imperativos coletivos de eficiência e de decência presta-se a configurar a atividade do servidor público e do ativista social.

De acordo com tal ponto de vista, uma micropolítica de reforma e de resistência em certas profissões ou atividades negociais, nas escolas, nos meios familiares e em nossos conflitos diretos, formata espaços nos quais oportunidades mais amplas de transformação conseguem sobreviver. Para vencermos as necessidades falsas devemos reconhecer as conexões contínuas que existem entre possibilidades pessoais e coletivas, além da dependência de ambas em relação a um novo perfil de criatividade e de reconstrução dos modelos sociais. A característica de uma pessoa como agente formadora carece de levar em consideração a presente ordem da sociedade e a visão de suas possíveis transformações: o real com o possível.

Em cada um dos passos das posições tomadas por pensamento não determinista nos estudos sociais contemporâneos que eu acabei de rever, podemos perceber exemplos de solução de continuidade, de interrupção. Em cada um deles, há um truncado início de abordagem de sociedade e de história que iria romper com dois fatalismos que deitam raízes no chamado pensamento de estruturas profundas: teorias funcionalistas ou sócioevolutivas tais como a marxista, além de ciências sociais naturalistas. Tal se dá como se a imaginação fosse muito débil e fraca – muito incerta de sua autoridade para sugerir possibilidades em bases reais – sem a ajuda de uma crise no mundo histórico real. A força e a fragilidade de livros como este resistem ao espírito do tempo e querem colocar a imaginação para trabalhar, dado que percebe uma crise inexistente.

No âmago das idéias explicativas de *Necessidades falsas* encontra-se perspectiva imaginativa, uma teoria. Esta perspectiva radicaliza o pragmatismo, rejeitando seu lado moderado do qual se serve a filosofia de nossos tempos.

Três pontos principais protagonizam papel central nas versões disponíveis de pragmatismo moderado ou radical. Tais idéias implicam uma abordagem de explicação social.

O primeiro princípio do pragmatismo radica na limitação de nossa compreensão social por uma representação dos fatos sociais que seja aparentemente imparcial e desinteressada. Nossa experiência é tão multifacetária e nossas idéias sobre o que é e o que deve ser são tão dependentes umas das outras que jamais conseguiremos fechar o círculo da compreensão da pura representação do fenômeno social. Deveríamos levar em conta referenciais práticos e morais de verdade que são aferíveis em algumas circunstâncias, embora em prejuízo de alguns outros fatos também relevantes.

A limitação de uma crença supostamente correta por força de uma realidade externa encontra-se em todas as áreas de fé e de ação. Isto porque nossas crenças relativas à realidade e possibilidades sociais ajudam na modelagem desta realidade, dentro de limites incertos, em relação ao que sejam estas realidades e estas possibilidades. A realidade social não existe para nós como uma coleção de objetos naturais. Está completamente embutida em nossa percepção de mundo.

Tanto quanto permanece em contato com os mais recalcitrantes e perturbados aspectos de nossa experiência, cada grande grupo de idéias sobre a sociedade parece dividir uma profecia que se realiza por si só. Agindo dentro de tais concepções, colaboramos na realização deste projeto, embora até um certo ponto. O reconhecimento desta força, deste aspecto auto-realizador de nossas idéias sobre nós mesmos e sobre a sociedade em que vivemos é licença para crermos naquilo que queremos que seja verdade.

Quando e onde estas profecias de auto-realização se transformam em pensamentos que desejamos que se transformem em verdade? Trata-se de algo que não sabemos e que certamente não poderemos saber. Podemos agir apenas de forma empírica, por aproximação e por analogia, na periferia de nossa experiência histórica e biográfica. Uma razão para preferirmos esta perspectiva é que ela autoriza e ilumina mudanças na organização social que nos fortalecem para que protagonizemos tais provas com mais freqüência e de forma mais radical.

Um segundo princípio do pragmatismo, moderado ou radical, é que não podemos distinguir perspicazmente o método de nossas idéias a partir do conteúdo inserido neste pragmatismo. Não podemos sustentar um grupo de idéias, um arcabouço de pensamento, a exemplo de suposto método científico, de categorias modais de necessidade e de contingência. Não podemos sustentar a distinção entre verdades analíticas e sintéticas, que constam de nossas crenças referentes às mudanças no mundo. Tudo está em compasso de espera na medida em que existe. As idéias, e a realização destas, caminham em velocidade distinta.

O terceiro princípio do pragmatismo, moderado ou radical, consiste na aceitação de que somos o resultado de história coletiva. Esta história nos molda na medida em que formata modelos e preconceitos de cada uma das sociedades. Estas formas organizadas e divididas de vida e de discursos desempenham o papel de nos confirmar que somos incapazes de nos adaptar a um modelo invariável de pensamento. Não há um superespaço no qual podemos nos fixar, e a partir do qual podemos julgá-lo. O pragmatismo adere a uma regra modelo (se é que alguém ou algo pode aderir a ela) que nos dá conta de que métodos e modelos invariáveis de pensamento são insuficientes para qualquer forma de ação.

Qual a relação entre este terceiro princípio, nossa dependência para com um contexto coletivo de instituições e crenças historicamente criadas, e aquele primeiro aspecto, referente ao local que nossos conceitos morais e práticos ocupam no que tange às nossas escolhas referentes a nossas percepções de sociedade? Será que poderíamos corrigir e melhorar deliberadamente estes contextos, fazendo isso com certa margem de segurança a respeito da adequação de nossas escolhas?

O pragmatismo moderado dominante na filosofia contemporânea responde tais questões e o faz de duas formas. Embora estas duas respostas pareçam ser distintas no que toca à justificação que suscitam, elas possuem implicações similares em relação a nosso trabalho transformativo. Ambas zombam e diminuem nosso poder de influirmos no mundo, de fazermos um mundo diferente e de nos tornarmos diferentes neste processo.

A versão relativista do pragmatismo doméstico nega que tenhamos um ambiente contextual transcendente no qual podemos criticar e remodelar as formas organizadas de vida às quais pertencemos. O máximo que podemos esperar é trabalharmos com alguns elementos de nosso contexto, opondo-os uns aos outros, reservando-se o que de mais adequado para uma tradição que nos sentimos mais aptos a julgar. Trata-se de uma perspectiva que deixa sem explicação a ocorrência de concepções inovadoras, de reconstruções e de conversões. Serve como credo conformista disponível àqueles que se reputam felizes por pertencerem a determinada tradição.

A versão objetiva do pragmatismo moderado vê todos os contextos como abertos à correção gradual, e conseqüentemente convergente, por meio de julgamento de erros que indique práticas e instituições mais adequadas. A superioridade de tais modelos excede provas que não temos o direito de desconsiderar, a exemplo da habilidade de produção de mais bens ou serviços com menos trabalho e esforço, ou a capacidade de suportarmos e de financiarmos poderosos sistemas de defesa nacional, ou ainda a habilidade de educar e de treinar as pessoas, reconciliando-as com os naturais pontos conflitantes decorrentes de visões mais abrangentes de sociedades diversas.

A espécie mais importante da variante doméstica do pragmatismo moderado seria a chamada tese convergente. De acordo com esta idéia, o mundo inteiro agora converge, embora com velocidade e sucesso distintos, para o mesmo conjunto do melhor possível de instituições e práticas. Diferenças de cultura nacional sobreviverão. Entretanto, serão cada vez mais desincorporadas das variações institucionais. Elas serão folclore.

A presente tese das necessidades falsas é em certa medida uma polêmica que hostiliza esta idéia. Defendendo que a humanidade pode desenvolver seus poderes e possibilidades em direções distintas, também se ensaia uma provável superioridade de grupos particulares vinculados a iniciativas institucionais e nacionais. Estas iniciativas dirigem-se para o que eu chamo de experimentalismo democrático.

Esta doutrina e a perspectiva de sociedade e de personalidade emergentes desta mesma sociedade são incompatíveis com um pragmatismo moderado, em qualquer uma de suas versões. Tal doutrina rejeita uma versão objetiva de pragmatismo, insistindo na possibilidade e no valor das divergências institucionais acumuladas na luta pelo fortalecimento e pela reconciliação com a solidariedade. Ela repudia, entretanto, uma versão relativista, dado que enfatiza nossa habilidade de virarmos o jogo em nossos contextos institucionais e discursivos, e não apenas por meros e efêmeros atos de rebelião. Tem-se uma permanente mudança no balanço de poder entre nós mesmos e nossos contextos.

O ponto central no pensamento inerente a um pragmatismo radical é a conexão entre os poderes ilimitados do espírito e a reforma da sociedade, suas instituições, práticas e discursos. Não podemos reduzir nosso poder de autopercepção e de invenção para um conjunto limitado de regras. Há sempre algo que podemos descobrir ou produzir, sem que essas regras, que são nossos critérios sedimentados de justificação e de inferência, possam proibir. O momento chega quando reconhecemos: tanto pior para as regras.

A amplitude da criatividade e a infinidade da mente modelam nossa relação com os mundos sociais e culturais que construímos e habitamos. Sempre há um algo mais em nós mesmos, individual e coletivamente, do que em outras ordens culturais passadas e presentes, singulares ou em conjunto.

Nossos poderes ilimitados plasmam o que de mais importante nos caracteriza. Estão inscritos na plasticidade que identifica o cérebro humano, tornando-nos organismos falantes e produtores de cultura. Nosso desenvolvimento é o mais valioso elemento do progresso e das descobertas científicas.

A imaginação é a faculdade por meio da qual colocamos o real sob a luz do possível. Nossa capacidade de agir de tal modo, no entanto, é condicionada pelo poder de vermos e pensarmos bem adiante do que nossos sistemas institucionais e discursivos poderiam permitir. Oportunizando-se, por meio da imaginação, os poderes ilimitados de nossa mente, estaremos instrumentalizados a reconhecer os amplos espaços que existem ao nosso redor. Vê-se como irredutível o que é agora manifesto.

Se devêssemos enfrentar o possível como algo limitado, de acordo com princípios que poderíamos descobrir, e o real como uma entre as variáveis possíveis em um limitado e bem definido conjunto de realidades factíveis, iríamos reconhecer esta irredutibilidade do real ao manifesto, apenas em pequeno e limitado grau. Entretanto, se não conseguimos determinar os limites extremos do possível, podemos imaginá-lo apenas por extensão analógica do que sabemos ter existido. A disciplina intelectual que informa nossa prática de tais extensões deve, por outro lado, ser guiada pela interação entre descobertas particulares e idéias gerais. Deve-se avançar na assunção de uma afinidade entre o caráter da imaginação e a natureza do real.

Se nossa falta de habilidade para delimitarmos de antemão as esferas do possível é característica da realidade que tem afinidade com a imaginação, uma outra característica é a importância decisiva de apreensão daquilo que é seqüencial. O que quer que possa ser finalmente possível, ou ainda tudo o que tenha ocorrido, tem sido apenas o próximo passo, formatado por seu lugar bem definido no rumo da transformação. A influência da história dá-se de maneira direta.

O universo físico pode estar de acordo ou em desacordo com esta imagem de relação entre real e possível. O mundo cultural e humano assim o faz, ou pelo menos assim temos motivos para esperar e acreditar. Entretanto, ele nem sempre faz jus à eqüidade. Mas podemos fazer com que ele esteja mais adequado de maneira mais freqüente. Parte desta posição consiste no desejo de se encontrar um mundo no qual possamos nos reconhecer, nos inspirar e nos vermos apoiados enquanto pessoas capazes, em contexto definidor, como agentes transcendentes, que sabermos ser. Um outro ponto desta posição reside na conexão causal que eu proponho neste livro e que existe entre o nosso interesse no progresso material e a na emancipação individual, e na reformatação de nossos modelos e práticas em algo mais próximo à nossa imaginação.

E dada esta afinidade especial entre mundo humano e imaginação, o nosso estudo da sociedade e de nós mesmos não é uma ciência menor ou inferior. Pelo contrário, é ciência exemplar, que tem o mundo a seu lado ou, pelo menos, que pode trazer o mundo mais próximo de si mesma.

As ciências naturais, por contraste, são mais suscetíveis à divergência entre o caráter da imaginação e a constituição de realidade física. A partir de tal divergência surgem antinomias fundamentais em nossas idéias a respeito da natureza. Nossas descobertas do que seria o caso podem, no futuro, resolver algumas destas antinomias, porém em proporção que ainda não sabemos.

Dentre estes enigmas, o que apresenta maior interesse para a teoria social é vinculado a aspectos de tempo e de causa. Suponhamos que o tempo seja ilusório. Não conseguiríamos fazer sentido claro de nossas conjecturas causais. A idéia de causalidade não pode significar o que pensaríamos se o tempo fosse irreal. Não conseguimos destacar da seqüência, e conseqüentemente da duração, nossa idéia de causalidade ou nosso hábito de explicação causal. Nossas conjecturas causais deveriam ser traduzidas em linguagem não causal de relações simultâneas, porém distintas.

Primeiramente, pode parecer que tais conexões pereçam de causalidade recíproca. Tal similitude, entretanto, é mera aparência. Tal representação por causalidade na forma de simultaneidade deveria preservar a possibilidade de influências distintas e mesuráveis de uma fração da realidade em relação à outra. Poderíamos dispensar a idéia e tais influências abandonando, com o tempo, a crença em uma realidade que diferencie os objetos e o estado das coisas que constituem a realidade.

Suponhamos, por outro lado, que o tempo seja real. Então poderíamos manter a crença na realidade das conseqüências causais. Devemos, no entanto, suscitar ainda outro problema para as explicações causais. Se todo o universo existe no tempo, ele tem uma história. Se esta história inclui a possibilidade de ter começo e fim, então devemos perguntar se as leis (as regularidades causais que governariam a história) são elas mesmas históricas e conseqüentemente passíveis de mudança.

Haveria algo que não conseguimos fixar em alguma parte ou fragmento desta história que dá sustentabilidade a leis que ocupam lugares isolados em histórias antigas e pretéritas? Ou estão as regularidades descritas por estas leis em constante mudança, embora em velocidade tão diminuída que não conseguimos percebê-las nem compreendê-las? Como poderíamos conciliar a idéia de história da natureza com a concepção de leis causais?

Estaríamos autorizados a admitir que um conjunto de leis de normatividade superior governa a história, determinando que certo conjunto normativo ordenaria cada um destes períodos? Parece uma ficção destinada a agradar nosso desejo de crença certa e segura em universo governado por leis fixas. Ademais, se tais leis de fato existem, elas deveriam diluir a realidade em normas que também ocupam esforços científicos.

No final, enfrentamos um antagonismo impostergável entre história e causalidade compreensiva. Não saberíamos se há modo de reconciliarmos a historicidade do universo com leis causais. Nossas idéias convencionais de causalidade são construídas sobre equívocos perigosos a respeito do tempo, como se pudéssemos perceber o tempo como real, mas não inteiramente, tal como presumimos desde o início.

Na teoria social que aqui apresento, um tipo de teoria social que exige pragmatismo radical, a causalidade é real porque o tempo também é real. Para que o tempo seja completamente real, entretanto, as explicações causais devem ser aceitas apenas em formas compatíveis com o reconhecimento de que tudo sobre nós é suscetível de mudanças na história. Apenas algumas coisas são mais suscetíveis do que as outras, e algumas andam em passo mais rápido do que outras. Trata-se de uma maneira diferente de dizer que não temos habilidade para estabelecermos os limites entre as possibilidades individuais e a experiência coletiva.

A natureza verdadeira e ortodoxa de nossas suposições institucionais e mentais também está aberta para mudanças na história: a extensão na qual estão firmadas e de certa forma impossibilitadas de serem desafiadas ou revistas. Existem em termos. E não é que apenas devam existir na imaginação para que possam ter existência, é que devem resistir ou convidar, em vários graus, o trabalho transformativo do desejo informado pela imaginação. Nesse sentido estão, distintamente dos objetos naturais, quase lá.

Insistindo-se na prática de teoria social construída em torno da afinidade entre mente de poder ilimitado e sociedade reformável, nos libertamos dos dogmas que enfraquecem o desejo transformativo informado pela imaginação. Tal prática mantém-se em contato com a consciência do agente, isto é, aquele que age, não interessa em que dimensão, por menor que seja, e que sabe que o tempo é real e irreversível, e completo em decisões e eventos cuja ocorrência é surpreendente e cujas conseqüências são fatídicas. Podemos desejar, sem medo, escapar desta consciência de um perigo obstinado e possível. Ou poderíamos sentir falta de idéias com as quais preservaríamos e desenvolveríamos nossa situação de forma mais compreensiva. Fornecer tais idéias é a tarefa de uma teoria social antideterminista.

Será que poderíamos ter certeza de que a natureza última do mundo não torna falsa uma imagem a nós sugerida por nossa consciência de ação? O tempo pode de fato ser irreal. Ou, sendo real, a idéia de humanidade que busca fortalecimento e solidariedade pode ser a prova de ardil que a natureza animal prega em nós. Este ardil pode nos salvar da paralisia de desejo para a qual poderia induzir o realismo imperdoável.

Não podemos saber com certeza. Tudo o que podemos fazer é avançar na medida em que encontramos algo relativo aos mundos natural ou social que tenha significado para nós, negando nossas premissas originárias.

Podemos e devemos avançar nesta direção, porque devemos salvar a sociedade, livrando-a de certos problemas que enfrenta, afeiçoando-a a nossa imaginação. Nada do que ainda sabemos sobre o mundo animal suscita motivo suficientemente forte para que possamos desistir de nossos projetos.

Neste estado de ansiedade e de falta de esperança que é o próximo estágio para uma percepção perfeita que nos é negada, devemos buscar oportunidades para que possamos continuar avançando em nosso esforço. Agora, neste momento de descrença nas grandes alternativas, existem tais possibilidades: no desenvolvimento de práticas permanentes de inovação, mediante aprendizado coletivo em circunstâncias negociais e em projetos educacionais. Tal se dá na tentativa de reinventar diferenças nacionais e de conferirmos a elas o conteúdo que estão perdendo rapidamente. Este conteúdo esvazia-se na luta contra as grandes desigualdades implícitas nas oportunidades da vida, que a presente economia mundial impõe à humanidade, verificável nos primeiros movimentos de rebelião contra uma ordem mundial construída no contraste entre a liberdade que o capital tem de cruzar fronteiras e o aprisionamento das forças de trabalho dentro dos limites geográficos da nação-estado, na inadequação na soberania do privado, em nossos experimentos pessoais, gostos e sensações, diversões e euforias, como base no desenvolvimento de uma personalidade forte.

De modo a alcançarmos tais oportunidades, entretanto, devemos encontrar uma forma de colocarmos o real sob a luz do possível. Representando-se o plausível como leque amplo de passos a serem dados, devemos nos lembrar de nosso interesse em avançarmos com a experimentação e com a especulação em torno da emancipação humana. Cuidemos também do que já conquistamos, dado que os desastres do século XX ameaçam nossas vitórias. Além disso, os modelos organizacionais contemporâneos ameaçam anular nossas conquistas. Precisamos, como sempre, de pensar contra nosso próprio tempo, de nos insurgir contra nossa época e condição.

A tradução de um pragmatismo radical na prática da análise social, que informa o programa explanatório do presente livro, enfrenta dois grandes problemas. O mundo sobre o qual o livro fala, assim como o autor que o escreve, encontram-se prenhes de defeitos que exigem atitude compreensiva por parte do leitor. Cada um deles, mundo e autor, exige manobra compensatória por parte da imaginação de quem o lê.

A dependência contínua das transformações a serem implementadas em relação a uma crise anunciada é problema central de nosso tempo. São insuficientes as limitadas contratendências do fatalismo no pensamento social contemporâneo. A razão básica para tal fato é determinante para que avancemos rumo a um antideterminismo compreensivo, no que toca à nossa percepção social, dado que a experiência contemporânea parece ensinar uma lição de repressão. Experimentamos repressão sem sentido, que não é fundada em lógica astuta das forças normativas. Esta repressão é decorrente de um corte acidental, da falta de confiança em ordem profunda e inteligível. Sua autoridade é diminuída. No entanto, não deixa de ser repressiva. A tentativa de imitar prática explanatória atribuída às ciências naturais é simultaneamente conseqüência avançada e causa secundária desta situação.

Os arranjos institucionais e as práticas discursivas que modelam nossa experiência são parcialmente contrários aos desafios e também estão relativamente abertos a um pensamento deliberado e cumulativo. Perderam parte da natureza especulativa, mas não totalmente. Ganhamos uma parcela de nossa liberdade para transcender o contexto. Mas não muito. Fora dos nichos de um experimentalismo produtivo e educacional, no qual a aprendizagem coletiva e a inovação permanente já dominam, não se percebe muito desta liberdade. A tradução da nossa ação referente ao que aprendemos a fazer nestes nichos para um esquema de larga escala de organização e crença numa nova sociedade permanece restrita a um repertório mitigado de modelos e de idéias institucionais. Os mais renomados e prestigiados modelos de análise social e de práticas profissionais racionalizam estes limites em vez de subvertê-los. Os problemas do mundo ainda parecem necessários para nos acordar deste sono permanente.

A resposta exata para tal e suposta derrota é um desafio perene e racional. Devemos demonstrar o poder da imaginação em formular algum trabalho subversivo em relação à crise até que consigamos uma sociedade mais próxima de nossa imaginação.

O outro problema, entretanto, decorre em menor escala de postura de inércia social do que da execução de um projeto. O pragmatismo radical aparece aqui na forma de gênero suspeito: uma teoria geral. Desta forma, e isto pode parecer lembrança, em sua generalidade, que teorias, como o marxismo, outorgaram ao determinismo sua voz mais poderosa. Podemos colocar a teoria em face dos fatos. Todavia, a teoria jamais deverá se tornar uma prática explicativa de um pragmatismo radical, especialmente se persistir ameaçada por uma ambição imorredoura e formatada por modelo abstrato. Trata-se do único caso limite.

A prática do pragmatismo radical deve consistir em um grupo de idéias negativas. Reivindica-se o possível contra o real. Realizam-se cálculos parciais, fazendo-se justiça para a insistência na presente ordem sem conferir-se a ela a última palavra ou imputando-se à mesma uma necessidade mais concreta, focalizando-a com argumentos pragmáticos, explorando os muitos e diferentes passos pelos quais deveríamos primeiramente realizar as mudanças e por fim redefinir nossos interesses e ideais.

Entretanto, nós não podemos administrar com teoria. A teoria deve garantir espaço conceitual dentro do qual podemos desenvolver a liberdade de ampliarmos nossas atitudes, enquanto resistindo à tentação de diminuí-las ou de nos desviarmos delas. Se nós não possuímos as idéias gerais exigidas pelo pragmatismo radical, deveremos continuar a acreditar, implicitamente, nos resíduos de idéias gerais que este pragmatismo pretende destruir. E isto ocorre, por exemplo, com todo o significado em se desacreditar nos reclames do marxismo a propósito de categorias como capitalismo ou presumindo uma objetividade pré-política de interesses de classes que dependem destas características.

Há inevitável e ainda perigosa concessão aos desejos de ambição intelectual no estudo da sociedade. A teoria pode fazer com que o estranho pareça natural, até mesmo quando seja difícil fazer com que o natural apresente-se como estranho, inibindo-se o desejo que há em se fortalecer e em se potencializar com discurso fascinante a imaginação que tal premissa pretende articular.

Qual a solução? Realizar-se tudo de uma só vez e a um só tempo: uma teoria agressiva e seu oposto. O que está neste livro, e também o que está fora dele.

A SEGUNDA VIA

O pragmatismo radical de *Necessidades falsas* encontra-se a serviço de tentativa de se proporcionar caminho para a democracia e para o experimentalismo prático, no sentido de que avancem em conjunto. Na medida em que as superstições deterministas que inibem imaginação e desejo são atacadas, o argumento do livro pretende demonstrar que podemos, e devemos, continuar a reorganizar a sociedade.

Com que finalidade? A curto prazo, para a realização de nossos interesses reconhecidos e para que possamos professar mais completamente nossos ideais, sem termos que aceitar arranjos arraigados como modelos dentro dos quais precisamos preencher nossos interesses e ideais. A longo prazo, para reconciliarmos fortalecimento com solidariedade, e grandeza com amor, e revigorarmos nossos poderes de modo que se afirmem e não se mitiguem as responsabilidades que temos uns para com os outros.

O ponto inicial da discussão, e uma das mais importantes ligações entre os argumentos explicativos e programáticos do presente livro, é a abordagem referente à quantidade limitada de formas por meio das quais se organizam as sociedades contemporâneas. Nós não podemos entender este limitado repertório institucional como expressão natural e necessária de compromisso com abstrações conceituais, a exemplo de capitalismo ou de economia de mercado regulamentado. A um nível de minudência no qual se ajuda a modelar e a se explicar nossas rotinas práticas e discursivas, assim como estratégias que se desdobram nesses parâmetros, argumentos prevalecentes não podem ser inferidos de tais abstrações.

E também não podemos atribuir a forma organizacional das sociedades atuais ao resultado de uma peneirada sumária em relação a conjunto de soluções de menor sucesso, sob pressão de eficiência administrativa e econômica. Tais forças operam, existem, e seu funcionamento justifica a presença de elementos funcionais nas explicações sociais e históricas. Entretanto, trabalham em conjunto com limitado efeito seqüencial, selecionando ou estendendo materiais anteriormente produzidos. São testados em conflitos locais; uma alternativa suscita ser comparada apenas com outras soluções possíveis e factíveis. Para o triunfo, soluções vencedoras contemporizam com interesses muito poderosos, que tomam o que podem tomar e sacrificam apenas o que é necessário sacrificar.

Trata-se de algo simples, porém de grande importância. O que temos ao nosso redor não é um sistema baseado em plano racional. Não se trata de uma máquina construída de acordo com um manual de instruções que podemos adivinhar apenas parcialmente. Trata-se de modelo institucional e ideológico, interrupção parcial e temporária da luta, compromisso que se dá não apenas entre interesses de grupo, mas também entre estes interesses e possibilidades coletivas, seguidos por uma série de crises de pequena monta, de ajustamentos menores, repletos de contradições ocultas e de oportunidades de transformação.

A descoberta de que estamos dialogando com arranjos periclitantes em vez de sistemas normativos tem certo significado. Imediatamente somos convidados a questionar e revelar o problema. A questão é: qual alternativa? O problema é que apenas uma parcela pequena da humanidade que tem condições de participar de discussão deste nível, a propósito de alternativas, é justamente a parcela que provavelmente menos necessidade tem de cogitar soluções. Naturalmente, a não ser que este grupo seleto sinta-se ameaçado, tomado por levantes que não consiga enfrentar valendo-se dos instrumentos que presentemente possui. Não conseguimos resolver o problema apenas respondendo esta questão. Entretanto, até que comecemos a preparar a aludida resposta, até que mostremos que há soluções, não poderemos nem mesmo aceitar seriamente que há um problema.

Para ressuscitarmos a imaginação programática precisamos lutar contra duas percepções ligadas ao futuro de uma sociedade que dividiu entre seus membros as idéias relativas à reformulação dela mesma. Há uma visão que prevê alternativas ousadas e sistêmicas, a exemplo de capitalismo e de socialismo, ultrapassadas ou inauguradas em momentos grandiosos de mudanças avassaladoras. A partir deste ponto de vista, temos uma política revolucionária ou mudança sistêmica, ou mesmo mero remendo reformista junto ao sistema existente.

E também há uma perspectiva que nos dá conta de que a mudança consiste simplesmente na acumulação de soluções práticas em relação a problemas concretos e compromissos factíveis para com disputas inevitáveis no que toca a interesses e projetos. Quando há um problema, os ajustes tornam-se mais distantes, e os conflitos relativos às direções a ser tomadas tornam-se mais intensos. Porém, não há diferença básica entre mudanças pequenas e grandes, porque não há sistemas, apenas problemas e soluções, conflitos e compromissos, limitações e oportunidades. Se a política rotineira é a que percebe a vida social sob este prisma, então, de acordo com esta visão, esta política cotidiana é a única que existe realmente.

Para conduzirmos a imaginação programática para a vida real, precisamos misturar desordenadamente todas estas atitudes. Precisamos associar o reconhecimento de que toda mudança é fragmentária, verificando-se alternativas genuínas de direções a serem tomadas. Cada caminho de mudança institucional desenvolve os poderes da humanidade em diferentes direções, e estimulam algumas formas de experiência, suprimindo outras também. Entretanto, não podemos pensar de modo que apenas esperemos; precisamos abordagem de explicação social que nos ensine como agir.

Os projetos de aprofundamento democrático, de radicalização experimental e de avanço para a zona na qual as condições de progresso material se confundem com as necessidades de emancipação individual, tomam forma a partir do que mais diretamente se opõem. O adversário mais visível consiste em um esforço de convergência institucional para com um grupo de soluções agora triunfantes nas democracias ricas do Atlântico Norte.

Após o colapso do comunismo, apenas um projeto político-ideológico parece sobreviver no mundo: uma tentativa de amarrar a flexibilidade econômica de feição norte-americana com resíduos de proteção social do modelo europeu. As variações alemãs e japonesas de capitalismo têm perdido os traços distintivos e muito do apelo que havia no passado, na medida em que tentam manter estabilidade e segurança em detrimento de busca de oportunidades e de inovação. O arsenal de políticas e o repertório institucional da democracia social tradicional têm caído na suspeita de serem muito custosos, muito restritivos e sobretudo muito injustos.

Muito custosos porque, traduzidos em direitos adquiridos, não conseguem ser mitigados quando, em períodos de dificuldades econômicas e de complicações nas finanças públicas, é necessário que sejam reduzidos. Muito restritivos porque, traduzidos em privilégios de grupo, mantém como refém a vontade de cooperação, mediante a diminuição na velocidade de auxílio e o confinamento de práticas inovadoras. Muito injustos porque, freqüentemente predicados em divisão entre íntimos e estranhos, no contraste doméstico entre trabalhadores com empregos e ocupações estáveis e não estáveis, no contraste internacional entre trabalhadores com liberdade de locomoção em relação ao mundo todo e trabalhadores presos em suas nações-estado.

De acordo com a visão dominante, a aproximação entre flexibilidade econômica e proteção social precisa ser acompanhada da diminuição dos ônus das prerrogativas de grupo e do aumento de dotações de educação, de instrução e de treinamento para os indivíduos. Precisamos assegurar a todos um mínimo de segurança econômica, garantindo assistência especial para os mais vulneráveis e menos capazes. Todas estas reformas devem ser levadas a termo por um grande volume de ajustamentos marginais e não por uma reorganização cumulativa e remendadora das instituições políticas e econômicas.

Este plano é um projeto para tornar o mundo mais seguro por uma versão bem particular de economia de mercado, enquanto se humanizam os resultados. Tal humanização haverá de ser implementada independentemente de qualquer maior alargamento das ferramentas institucionais com as quais nós agora construímos democracias representativas, economias de mercado e sociedades civis realmente livres. Não há esquemas radicais para descentralizar o acesso a recursos produtivos e a oportunidades de crescimento. Não há iniciativas para a substituição de democracias contemporâneas marcadas pela letargia, pela energia baixíssima, que favoreceriam alto nível de engajamento cívico organizado, enquanto se acelerassem os experimentos de reformas. Não há esforço para se rebelar contra modelos que organizam parcela da sociedade civil, deixando toda uma multidão em completa desorganização, e conseqüentemente sem nenhuma força para insurgência.

Por detrás da determinação de se traduzir a ordem institucional existente em formas mais flexíveis e humanas há compromisso para com um modo de vida. Trata-se de um modelo que dá fim a grandes aventuras transformadoras que se passam na política, consignando-as para a vida privada e para os contornos da cultura. Os políticos se reorientam para a administração de eficiências e decências, obtidas pelo agenciamento de negócios de grupos, na solução de problemas práticos.

As sociedades que têm admitido esta percepção de política continuam, de fato, divididas em três níveis, reproduzidos de geração em geração pela transmissão da propriedade e de vantagens educacionais, por meios familiares. Indivíduos podem escapar de suas posições de classe, ou delas podem decair. Para a maioria das pessoas, porém, isto não é possível, embora haja variáveis significantes entre os países mais ricos.

Há um grupo de gerentes e de profissionais que garantem para si não só a maior parte dos recursos, como também a maior quantidade de satisfação no trabalho. São aqueles que passaram pelas instituições de ensino de elite, obtendo vantagens da estrutura de poder e de regalias em seus países. Tomam as decisões mais importantes, fazem as coisas que realmente importam, ou pelo menos supervisionam a consecução de tais tarefas. Estão em posição de mando incontestável nos setores de produção mais avançados que conquistaram os postos de comando na economia mundial. Seus trabalhos proporcionam certo espaço para discrição e criatividade. Um limitado sub-grupo dentro deste seleto grupo participa da elite que detém poder, dirigindo as grandes companhias, ocupando postos de comando nos governos e nas organizações não lucrativas de maior peso nos dias de hoje.

Em contrapartida há a massa de pessoas que embora elevada acima dos níveis de pobreza encontra-se excluída do mundo elitizado da riqueza, de poder e de satisfação no trabalho. Permanece esta massa excluída das redes que comandam os setores avançados de produção e de pensamento. Fazem trabalhos rotineiros, ou oferecem cuidados pessoais não episódicos. Seus principais consolos são a família e as fantasias do entretenimento midiático. Conhecem muito sobre coisas imediatas do mundo, mas muito pouco de como o poder e as vantagens são exercidas nos altos comandos da vida pública e dos negócios.

Uma classe trabalhadora braçal e uma classe trabalhadora um pouco mais treinada para tarefas técnicas formam a grande massa da população. Em um país como os Estados Unidos da América, no qual o impulso para se negar a estrutura de classes é muito forte, onde há pressões intensas para disfarçar as diferenças sociais com uma falsa intimidade e com uma aparente e festiva amizade, esta massa descreve-se a si mesma como de *classe média*. São trabalhadores com uma identidade burguesa.

Estes trabalhadores estão pulverizados e divididos em uma minoria detentora de trabalhos estáveis em empresas bem-estruturadas e em uma maioria que não detém tais empregos. Protegido contra a pobreza, este grupo de trabalhadores, no entanto, vive ameaçado pela insegurança.

Junto a esta maioria de pessoas que não é nem pobre, nem poderosa, as classes trabalhadoras, seguras e inseguras, coexiste grupo de pequenos empresários e negociantes. São homens e mulheres que criam uma boa parcela de riquezas e trabalhos oferecidos à classe trabalhadora. Em muitos países, este grupo de pequenos empresários exerce distinta e relativa influência nas vidas políticas nacionais. Porém, exercem tal influência como estranhos às organizações e às atividades responsáveis pela determinação das direções a serem tomadas pelas respectivas sociedades.

Na base desta estrutura de classes há uma subclasse de trabalhadores que detém os empregos de menor remuneração e de menor exigência de treinamento. Geralmente são oriundos de minorias racialmente estigmatizadas. Vivem em um mundo paralelo. Um mundo eventualmente organizado por igrejas e grupos comunitários.

Os países ricos diferem bastante no que toca às desigualdades econômicas e à diversidade cultural, em relação às três classes sociais que mencionei. Também se distinguem quanto à extensão em relação à qual a meritocracia, tomando-se este termo como carreiras abertas a talentos, penetra na estrutura de classes e facilita a mobilidade por gerações, de uma classe a outra. Em todas elas, entretanto, a sociedade permanece dividida nestas três castas. Porque efetivamente são castas, mais do que apenas classes, pelo que a divisão entre elas é majoritariamente hereditária na origem e sancionada em princípio pela mais poderosa das religiões contemporâneas: a religião das necessidades técnicas e econômicas. A despeito da influência da meritocracia, a transmissão hereditária de privilégios econômicos e educacionais continua a restringir as chances de indivíduos não privilegiados.

E na medida em que o esquema institucional que sustenta esta divisão tripartite da sociedade tem se tornado o único projeto sobrevivente de vida social, a divisão em si agora parece ser o melhor destino que a humanidade pode aspirar. Pouco a pouco, espera-se, aquela subclasse deixará de existir. O abismo que separa a classe média desprovida de poder e de propriedades da classe de profissionais e de dirigentes poderosos será diminuído.

O restante da humanidade, na medida em que vagarosamente ascende na escada evolutiva das vantagens econômicas comparativas, terá de aturar um período longo no qual grandes massas de pessoas permanecerão imobilizadas em uma posição ainda pior do que a das subclasses dos países ricos e desenvolvidos. Enquanto isso, uma elite com aspirações internacionais, formada por indivíduos educados e dotados de recursos materiais, irá participar de redes mundiais de setores mais avançados.

A civilização mantida por estes compromissos sociais e arranjos institucionais preza o autocrescimento individual. Vagarosamente se minam hierarquias rígidas de gênero e de raça. Aproxima-se do objetivo da meritocracia e conseqüentemente aumenta-se a influência da educação em relação às chances individuais. Isto não é nada heróico. Chega a ser politicamente contraprodutivo.

Mais do que advogar a economia de mercado, esta civilização aceita, embora com reservas, uma sociedade de mercado. Uma sociedade na qual o consumo serve como substituto parcial para as conexões sociais. Um sacrifício devocional é banido dos mais íntimos recessos da vida privada. O que esta situação oferece equivale a mais do que uma resposta para os problemas práticos da sociedade, junto a um modo interpretativo e reconciliador dos reclames de eficiência e de eqüidade. Como qualquer compromisso institucional e ideológico havido na história, oferece-se à humanidade uma visão do que se pode esperar, e um caminho a se tomar.

O argumento programático de *Necessidades falsas* é uma polêmica contra a sabedoria de se tomar este caminho, agora saudado como o único verdadeiro. A polêmica vai a fundo com o adrede preparando o refrão dos céticos: qual a alternativa? Também explora a direção na qual podemos começar a construir tal alternativa com os materiais de que dispomos.

Entretanto, o esforço construtivo começa com um argumento crítico. O criticismo move-se em vários níveis. Vai diretamente a partir do argumento de que o projeto dominante fracassa em seus próprios termos (linha de criticismo relativamente interna) até a reivindicação de que não devemos aceitar como suficiente a autoridade dos objetivos em relação aos quais o aludido projeto trabalha (linha de criticismo relativamente externa). A insuficiência dos objetivos é tamanha e tão carregada em conseqüências, que não conseguimos corrigir o projeto, simplesmente aduzindo aquilo que o mesmo desprezou. Devemos repensá-lo e reorientá-lo, no que toca a seus fins, e também no que se refere a seus meios.

O contraste entre criticismos internos e externos é mais de ênfase do que de tipo. Na medida em que enfrentamos instrumentos institucionais favorecidos por amplo esforço político e econômico, a exemplo daquele que presentemente exerce influência no mundo, terminamos por minar o âmago de uma concepção original. A razão disso decorre de conexão recíproca (em vocabulário analítico diríamos *relação interna*) entre nossa compreensão de ideais e interesses e os arranjos práticos aos quais confiamos a sua realização.

Reconhecemos parte do que nos referimos como interesses. Os ideais que professamos encontram-se em suas formas habituais de realização. Uma outra parte transcende estas formas, apontando para ansiedades e aspirações incipientes que instituições e práticas jamais satisfazem completamente. Enquanto a divergência potencial entre os dois grupos referenciais permanece encapsulada pela resignação, pelo hábito, pela pura falta de vestígio em relação ao que mais fazer, somos seduzidos a abraçar nosso destino coletivo, destino de segunda natureza que toda ordem de vida humana nos impõe. Porém, tão cedo comecemos a enxergar o potencial para divergência entre estes dois referenciais, o referencial de apreensões e medos flutuantes e o referencial das formas sociais a que somos acostumados, começamos a ganhar certa liberdade, em meio a uma primeira experiência de desorientação e perigo.

O projeto dominante, sintetizado no esforço de se obter flexibilidade econômica de estilo norte-americano com proteção social de estilo europeu, por meio de recombinações e ajustes de práticas e instituições presentemente implementadas nas democracias ricas do Atlântico Norte, é perseguido em espaço definido pelos dois extremos rejeitados. Um dos extremos encontra-se na fé cega nos mercados, identificada com a presente versão institucional plasmada pela experiência norte-americana. O outro extremo concentra-se na defesa a qualquer custo da retaguarda da democracia social, identificada com as conquistas do Estado de bem-estar social europeu, e com direitos e níveis salariais conquistados pelos movimentos trabalhistas que têm apoiado o aludido Estado. O pano de fundo implícito desenha-se com o aceite de uma forma de vida na qual hierarquias de classe e de casta devem ser bem lentamente moderadas pelo avanço da meritocracia, assim como também pela universalidade de titulações cívicas e sociais mínimas, enquanto que grandes aventuras e experiências deverão ser relegadas para os ensaios da cultura e as aspirações dos negócios, quando não para os campos mais íntimos da vida subjetiva.

Transposta para uma ordem econômica global, marcada pela relativa liberdade de capital e pela falta relativa de liberdade de trabalho, no que toca ao movimento para além das fronteiras nacionais, o projeto começa a tomar a forma de um destino universal. Abraçar-se este destino ou definhar-se em pobreza e despotismo parece ser a única opção outorgada para a vasta maioria da humanidade nos países pós-comunistas ou em desenvolvimento.

O melhor que podemos esperar é a humanização deste destino na medida em que o encampamos. Há várias formas de humanização. Um instrumento para tal consiste em se compreender que todo cidadão, assim como todo trabalhador, poderá ter um mínimo de comando em relação às dotações econômicas e educacionais, assegurando-se para eles, cidadão e trabalhador, uma chance para que adquiram as habilidades necessárias para que prosperem no meio das inovações econômicas e tecnológicas. Dotações universais, fundamentadas por uma distribuição limitada de meios, assim como pelos instrumentos costumeiros de extrafiscalidade, devem cada vez mais se colocar no lugar de prerrogativas de grupo que desaceleram o crescimento e as inovações, separando íntimos e estranhos, negando trabalhos a muitos, enquanto se asseguram benefícios a alguns.

Um outro instrumento de humanização consiste na concentração de esforços especiais para os setores populacionais mais vulneráveis. Para educá-los, para salvá-los da condição de vendedores de trabalhos braçais, para evitar com que estes setores caiam em um perene estado de deficiência. Já para os que possuem habilidades corporais e intelectuais, estes esforços de ajuda devem sempre ser ligados a requisitos de preparo para treinamento, para trabalho e, mais genericamente, para que se aceitem responsabilidades de autoconfiança.

Ainda uma outra forma de humanização seria a determinação de se preservar o status dificilmente conquistado de trabalho dignificado e organizado nos países ricos, contra a liberalização da competição econômica global que transformaria os direitos trabalhistas em elementos de desvantagem competitiva. Para que a livre competição prospere, não podemos permitir que se joguem trabalhadores e países pobres contra uma força de trabalho organizada que vem lutando por gerações para melhorar o montante da retirada de salários em relação à renda nacional, de modo a se estabelecer garantias contra a extrema insegurança do desemprego, e para se precaver contra o triunfo do mercado na destruição de todas as obrigações de solidariedade.

De acordo com os humanizadores, o modo de se reconciliar um livre comércio internacional com a preservação de protótipos de direitos trabalhistas reside na insistência de garantia de direitos mínimos básicos e de condições para os trabalhadores do mundo todo, ao mesmo tempo em que se permita ampla latitude de competição em termos de níveis de salário. Deve-se rejeitar uma concepção econômica imatura que nos dá conta de que a distinção feita em aspectos monetários em relação a níveis de trabalhadores seria arbitrária.

Deve-se humanizar o inevitável? Ou podemos desafiar e refazer tudo isto? Devemos nos acomodar com esta espiritualização limitada dos fins da sociedade baseada no comércio? Podemos nós, de fato, humanizarmos e espiritualizarmos este estado de coisas, mesmo para um limitado leque de circunstâncias que os fatos permitam, sem que reorganizemos tudo isto? Como podemos esperar reorganizar o mundo sem podermos contar com uma calamidade que faça o papel de uma bem-vinda semeadora de mudanças? Podemos nos tornar grandes fazendo políticas diminutas? Há algum programa de reconstrução de nossos modelos que mereça, depois do descrédito do estatismo esquerdista, para que tanto o neoliberalismo como a social democracia institucionalmente conservadora sejam ultrapassados? São suficientes oito gerações de aventuras ideológicas catastróficas, ou devemos nos preparar ainda mais? E como pode este *plus* vir a ser resultado coletivo de melhora da humanidade ao invés de imposição de vanguarda auto-ungida?

Como, uma vez que abandonemos a visão de que a história tem roteiro aguardando para ser protagonizado, poderá cada um de nós reconciliar o longo tempo histórico no qual este drama de perigo e de fortalecimento deve ser representado, com o breve tempo biográfico de que cada um de nós dispõe? O que deveríamos temer mais, conceder à política as idéias da religião, ou reduzir a política aos cômputos da economia?

A objeção mais imediata para o único caminho verdadeiro consiste em se admitir a impossibilidade do esforço de se reconciliar a economia flexível de estilo norte-americano com a proteção social européia, embora com ajustes limitados e localizados.

Para equiparmos e dotarmos o indivíduo, precisamos criar um contrapeso para o remodelamento de suas chances de vida por meio da tradição, no sentido jurídico, por via da família, de vantagens econômicas e educacionais. Podemos começar tentando dar a cada pessoa um conjunto mínimo de recursos, uma herança social, na forma de uma dotação social individualizada, por meio da qual esta pessoa possa instrumentalizar-se para iniciativas individuais, ao longo de sua vida. O mínimo poderia ser obtido de acordo com dois princípios contrastantes de compensação especial por necessidade individual e de recompensa extraordinária por demonstrada capacidade excepcional.

Tão logo, assim, entraremos em luta. Primeiramente, precisamos garantir, por uma redimensão da tributação e redirecionamento de gastos públicos, os recursos necessários para se tornar tal dotação significante. Em seguida, precisamos dar aos jovens da classe trabalhadora acesso a uma educação centrada no desenvolvimento das capacidades analíticas. Sem esta oportunidade educacional, a herança social permanece como escudo encolhido e enfraquecido que pretende defender-se da pobreza, em vez de se tornar instrumento de empreendimento. Em seguida, devemos garantir que as contas de dotação social sejam gerenciadas de forma que sejam mantidos seus valores, com o objetivo de se implementar investimentos realmente produtivos. Finalmente, devemos limitar as imensas e injustas vantagens competitivas que continuam a se reproduzir para as crianças oriundas de famílias privilegiadas.

Tais complicações não são objeções ao programa de dotação individual. São simplesmente impugnações a qualquer tentativa de se realizar o programa sem que se comece a se reorganizar mais amplamente os modelos pelos quais as pessoas adquiram oportunidades educativas e econômicas. Quanto mais próximo o programa de dotações individuais chegue a oferecer uma versão moderna de transferência estática e isolada de fundos, no modelo do projeto do governo norte-americano que no século XIX garantia a cada trabalhador do campo *quarenta acres e uma mula*, mais fácil será conciliar-se o programa com um conservadorismo institucional. Todavia, quanto menos efetivo o antídoto para a tirania da herança em face da oportunidade, mais difícil será o implemento do projeto. O destinatário das dotações individuais deve ser o trabalhador fortalecido, o cidadão oxigenado, e não o produtor isolado de pequena escala.

A mesma contradição entre comprometimento professo e suas presunções institucionais aplica-se aos objetivos de uma flexibilidade econômica. O desiderato não pode ser alcançado adequadamente mediante a descentralização e a reforma das grandes empresas. Isto exige não apenas o engajamento de pequenos e médios empresários, mas também o fortalecimento de grupos de microempresários e de trabalhadores qualificados, sob formas contratuais, em vez de regimes de cooperativas. Para que tais grupos ganhem acesso ao capital, ao conhecimento e à tecnologia necessários para produção avançada, precisamos criar novas formas de alocação descentralizada de recursos e de oportunidades de produção.

Tal inovação pode bem começar com formas descentralizadas e experimentalistas de parceria entre o governo e empresas privadas. O objetivo seria a disponibilização de bases econômicas, normativas e educacionais a favor de redes simultaneamente competitivas e cooperativas de pequenas empresas, grupos de profissionais, de trabalhadores e de provedores de serviços. Tais redes serviriam a seus membros como meios de acesso às práticas de aprendizado coletivo e de inovação permanente, que definiriam os mais ousados modelos de produção. Começariam a se desenvolver entre elas, as redes, e também ao lado de fundos públicos e privados, bem como de centros de apoio confiáveis, diferentes modos de se recombinar e de se rearticular poderes inerentes aos direitos de propriedade. A partir de tais experimentos, regimes alternativos de propriedade social e particular iriam finalmente emergir.

Estas inovações requerem a instrumentalização das pessoas para iniciativas efetivas, muitas vezes carentes da expansão de crédito e de capital. Dependem, no entanto, para seu desenvolvimento, de mudanças na organização da política, do governo e da sociedade civil. Para serem sedimentadas e garantidas, necessitam de arranjos políticos que sustentem alto nível de participação, de organização cívica, de provisões constitucionais que favoreçam rápida solução para entraves programáticos (por meio de referendos e de eleições antecipadas), bem como da combinação de instrumentos legais e de favores fiscais que incentivem a ação voluntária e a associação de interesses sociais hoje desorganizados, assegurando recursos para a ação concreta e modificadora.

Sem a disposição para se reorganizar a sociedade, a suposta síntese de proteção social e de flexibilidade econômica acabará por significar o que até agora tem efetivamente representado: o sacrifício de fragmento de herança de proteção social, duramente conseguida, em prol de versão dogmática de flexibilidade econômica. Uma vez que comecemos a redesenhar nossos arranjos sociais, para que possamos implementar mais eficazmente a prometida união entre flexibilidade e proteção, passamos a enxergar as promessas com outros olhos. Nossa compreensão de interesses de grupo e de idéias sociais arraigadas começa a se transformar. O campo subjacente de práticas e instituições balança e se modifica. Enfrentamos escolhas diretivas que até então jamais imaginávamos existir.

Considere-se agora um segundo nível de argumentação, antagônico ao caminho possível e verdadeiro. Trata-se de um nível que não é inteiramente endógeno à concepção de seu próprio trabalho; também não é completamente estranho a esta concepção, ou ainda decorrente de uma visão independente das possibilidades humanas. Menciono o mais expressivo nível do argumento, porque apela para preocupações que precisam motivar, guiar e justificar a alternativa progressista.

Há neste plano mais significativo quatro críticas conexas e distintas que a humanidade tem em relação a um compromisso para com a convergência geral referente a certas versões de instituições econômicas e políticas, hoje encrustradas no mundo rico do Atlântico Norte.

Primeiramente, trata-se do argumento relativo à insuficiência de concordância, de aquiescência, para com a presente distribuição de vantagens comparativas como condição de crescimento.

Por uma razão: nenhuma versão de economia de mercado é capaz de garantir suas próprias pré-condições. A mais importante destas exigências consiste na formação de cidadãos educados e de trabalhadores capacitados. E também não se pode esperar que os benefícios do crescimento econômico alimentem direta e espontaneamente o desenvolvimento e o fortalecimento dos trabalhadores. A criação de tais benefícios pode desafiar interesses poderosos e prejuízos já consagrados. Pode-se, por exemplo, exigir que algumas pessoas façam sacrifícios em benefícios de filhos de outras pessoas.

Outra razão: governos nacionais sempre encobrem e manobram escalas de vantagens e desvantagens comparativas da economia mundial. Os subsídios diretos que tanto incomodam o economista convencional são simplesmente a forma crua de manipular quantificações. A guerra também tem sido outra maneira que suscita manipulação, embora de modo menos mensurável. O que talvez pareça subsídio a partir de determinado ponto de vista pode, no entanto, a partir de outro ângulo, assemelhar-se a movimento antecipado no sentido da abertura de mercados para mais pessoas e para uma maior variedade de organizações.

É provável que a manipulação seja mais efetiva na medida em que se combine anarquia experimental, que é o gênio propulsor da economia de mercado, com energia de práticas cooperativas. No meio de tais práticas, encontram-se projetos estratégicos entre governos e empresas, a par da combinação de recursos e idéias de empresas que de outra forma estariam competindo. O projeto de um único caminho possível e verdadeiro, e a idéia dogmática que o inspira, congela-nos em modelos que nos impedem de gozarmos completamente os benefícios de descentralização e de trabalho de grupo. Nenhum país, que não seja cidade-estado, jamais alcançou riqueza e poder ajoelhando-se e curvando-se ao evangelho da paciência e da passividade.

Segue agora o argumento da desigualdade. O programa de um caminho verdadeiro e único admite que a extrafiscalidade regressiva e o investimento em educação sejam suficientes para retificar exclusões e desigualdades extremas. Mas, e se, como hoje, as condições locais fossem agravadas pelas características da economia global, a exemplo da influência decisiva exercida por uma rede internacional de setores avançados de produção, além do contraste direto entre a garantia que se dá ao capital para que este possa cruzar fronteiras nacionais, garantia que é negada ao trabalhador? Sob tais circunstâncias, a virada do mercado provavelmente nos comprova o triunfo da ditadura da minoria que tem acesso a este mercado em relação à maioria a quem este mesmo acesso é negado.

O projeto dominante acredita que *redes de segurança social* financiadas pela extrafiscalidade possam retificar desigualdades em curto espaço de tempo. E acredita também na educação como instrumento para prevenir desigualdades, a longo prazo.

A experiência histórica parece negar ambas estas idéias, de redes de segurança social e de educação a longo prazo.

Uma mera lembrança de experimento social revela que a transferência de recursos fiscais, por meio da prática da extrafiscalidade, não é suficiente. Se grandes desigualdades radicam em divisões estruturais entre setores avançados e atrasados da economia, transferências compensatórias iriam também maciçamente retificar tais desigualdades. Dada a estrutura real de desvantagens e de alianças entre poder político e interesses de propriedade, a aludida e massiva redistribuição muito provavelmente jamais aconteceria. E se efetivamente a mesma se implementasse, o resultado consistiria na desorganização de incentivos e arranjos que modelam a economia avançada, que é historicamente favorecida, organizada e institucionalizada. Matar-se-ia a galinha dos ovos de ouro.

A lógica de tal experimento também se aplica aos investimentos em educação. É que o único investimento em educação que seria capaz de retificar e reverter os males da extrema desigualdade seria muito oneroso em termos de custo e excessivamente radical em termos de alcance; ou não se realizaria, ou seria apenas a fração de mais ampla tentativa de se estabelecerem as fundações institucionais de economia popular de mercado e de democracia altamente energizada, que favoreça ao fortalecimento de organizações cívicas e a aceleração de políticas transformativas.

Redistribuições compensatórias e retrospectivas têm funcionado, mesmo em sociedades relativamente menos desiguais, como acessórios de reformas estruturais em instituições políticas e sociais, e não como substitutivos de tais reformas. Reformas mais expressivas nos dias de hoje são aquelas que diminuem e transcendem a distância entre setores atrasados e avançados da economia. Tais reformas compensam a falta de mobilidade de trabalho, fato que protagonizou papel importante no episódio de globalização que se desenvolveu primeiramente em fins do século XIX.

Uma terceira objeção ao projeto de caminho único e verdadeiro é o argumento relativo à relação instável entre economia e política. O projeto de reforma desenhado nos pronunciamentos de seus teóricos e operadores é um empreendimento econômico em relação ao qual nenhuma política realista poderia se escorar. Para se tornar factível, tal projeto deve ser refeito ou radicalizado, transcendendo ou minimizando o empreendimento que tais pronunciamentos descrevem.

O neoliberalismo verdadeiro, concreto, real, distinto do neoliberalismo teórico dos livros, é seletivo. Ele não leva adiante um programa de mercado a ponto de minar somas e conjuntos de interesses. Ele tão somente força tais interesses, em nome da adaptação a novas realidades da economia mundial, pedindo sacrifícios em troca de compensações.

As elites empresariais de cada país terão a chance de aderirem a uma rede mundial de vanguardas produtivas. Enquanto isso, o Estado precisa assegurar condições para paz social, embora reduzido transitoriamente a seu poder de desafiar mercados financeiros ou de formular e prever alternativas e estratégias rebeldes de crescimento econômico. Ao Estado cabe a tarefa de evitar os extremos do sofrimento social e preparar as classes trabalhadoras para sua gradual e progressiva incorporação em uma economia globalizada. Os trabalhadores precisam esperar.

Entretanto, eles irão esperar. A exemplo de seus patrões, trabalhadores vivem um tempo biográfico; a classe trabalhadora não vive um tempo histórico. Os trabalhadores querem a salvação. E querem a salvação já, agora. Pretendem na política uma vingança contra a economia, que virou as costas para eles. E se não existir uma outra alternativa, elegerão líderes e movimentos que prometem soluções imediatas, mesmo se tais soluções reduzam-se a um nacionalismo populista autodestrutivo que recue do projeto de integração em uma economia mundial e tente corrigir a inadequação das redistribuições compensatórias, insistindo cada vez mais nelas mesmas. Conseqüentemente, a economia política degenera-se em um balanço pendular que oscila entre a ortodoxia excludente e o populismo auto-subversivo. O balanço é repetido em formas mais limitadas no ciclo de negócios políticos das economias mais ricas.

Para que seja implementado em sociedades verdadeiramente divididas e desiguais, e de acordo com lições tornadas oficiais, o projeto dominante carece de base popular ampla. Todavia, o mesmo alcança tal base apenas na medida em que se oferece para fazer mais pela esmagadora maioria da classe trabalhadora. Precisa-se democratizar a economia de mercado no interesse do trabalhador comum.

Deve-se assegurar que os governos tenham recursos, habilidades e poderes necessários para equipar os trabalhadores em conhecimento e capacidade, de modo a que estejam protegidos da insegurança econômica e das enfermidades. Deve-se inclusive dar a eles meios de dotações sociais, financiadas pela redistribuição de bens, para que uma contrapartida em relação à inexistência de heranças de família seja feita. E para que se cumpram tais tarefas, deve-se estar habilitado a confiar em instituições políticas que incentivem o engajamento cívico, facilitem reformas e avancem rumo a organizações mais includentes de sociedade civil.

Como conseqüência, ao longo de sua aplicação, o programa ortodoxo torna-se eventualmente pouco mais ou algo menos do que ordinariamente se propõe a realizar. Pode ser aplicado exatamente de acordo com as propostas que sugere apenas em sociedades relativamente igualitárias, transformadas por gerações de conflitos de classe e de lutas ideológicas que têm auxiliado no combate à redução das desigualdades mais gritantes de circunstância e de oportunidades. Será que aos países é necessário que primeiramente sejam aliviados os sofrimentos e dores de suas populações antes de que seguramente eles tomem o rumo de um único caminho verdadeiro?

A combinação de períodos longos de luta por igualdade, que duram por gerações, mas com resultados afetos ao liberalismo e ao neoliberalismo, não representa arranjo referente ao fato de podermos ou devermos lutar. É uma miragem que a doutrina canônica do neoliberalismo seja uma ficção, defendendo um projeto reduzido a um único caminho supostamente verdadeiro. O trabalho de uma alternativa progressista consiste na substituição desta combinação impossível.

A outra queixa em relação ao programa dominante consiste no desconforto causado pelo esvaziamento das diferenças nacionais. O resultado pretendido projeta-se em convergência institucional: todos os países do mundo passaram a se orientar para o mesmo grupo de melhores práticas possíveis. As diferenças entre os países sobrevivem apenas como estilos, desincorporados das respectivas instituições.

As diferenças reais entre os países diminuem na medida em que eles competem entre si, sofrendo, fazendo conchavos, pelo desespero da sobrevivência e do sucesso, implementando práticas e instituições nascidas nas sociedades mais ricas e mais poderosas, assim como espalhando pelo mundo o evangelho revolucionário do crescimento pessoal, por meio das asas das culturas erudita e popular do mundo ocidental. A identidade coletiva de cada nação destaca-se das texturas ricas que compõem os conjuntos de tradições e modos de vida, nascidos e desenvolvidos nestas mesmas nações.

O desejo da diferença nacional, entretanto, sobrevive à diminuição das distinções concretas e reais. As nações começam a se parecer entre si, especialmente nas organizações práticas da existência nacional, bem como nas aspirações de seus habitantes, no que toca ao consumo individual e à liberdade. Quando isto ocorre, tal desejo à diferença excita-se e não se acalma. Duas nações, muito próximas, e muito parecidas, podem até alimentar ódio recíproco, devido às similaridades que apresentam. Quanto mais desolados se tornem estes desejos de diferenças, nas instituições e nas práticas sociais, maiores perigos apresentarão. Intransigente e absoluto, porque vazio e desorientado, transforma-se em flagelo.

Temos então razões positivas e negativas para valorizarmos divergências institucionais. A razão negativa consiste na prevenção da separação entre desejo de diferença e diferença real. Civilizações vivem em moldes institucionais. Permanecem ou se tornam como são devido às formas institucionais que forjam. A razão positiva para tal, por sua vez, radica no desenvolvimento de poderes e possibilidades da humanidade dentro da única forma na qual podem ser desenvolvidos: no contraste e na comunicação das direções.

Um mundo de democracias precisa fortalecer tais divergências. Não há necessidade de enfraquecê-las. E tal deve acontecer menos com base nas diferenças coletivas que herdamos, do que com o fulcro nas diferenças coletivas que podemos desenvolver. Só se pode construir com o que se tem. No entanto, sob o jugo democrático, a profecia fala mais alto do que a memória.

A partir deste ponto vantajoso, uma convergência institucional internacional representa um erro e um mal. A humanidade deve continuar a tentar implementar diferentes formas e modos de vida, formatando cada uma delas com distintas ordens institucionais. Entretanto, se as idéias que fomentam o argumento do presente livro estão corretas, a humanidade não deveria permitir a sobrevivência de nenhuma ordem institucional que falhe em proporcionar a seus participantes meios de questioná-la, de corrigi-la, de reinventá-la.

Um regime internacional aceitável não deveria forçar que os indivíduos ficassem permanentemente reféns de um modo comum de vida que violente suas naturezas. Este indivíduo deve ter a liberdade de optar por deixar seu país. A condição para benefício de divergências institucionais é a gradual implantação do que deve ser um direito universal: o direito que a pessoa tem de deixar seu país e ir viver em um outro lugar.

A concepção de *Necessidades falsas* explora o caminho para o avanço da democracia e do experimentalismo. A premissa do argumento justificativo de tal rota, aqui denominada de *democracia fortalecida*, consiste em se admitir que o modelo institucional atualmente presente nos países ricos impõe custosa e desnecessariamente limitações a interesses reconhecidos e a ideais professos. Restringe-se o progresso prático da sociedade, a exemplo do crescimento econômico e da inovação tecnológica. Limita-se o desenvolvimento de personalidade independente e a proliferação de indivíduos capazes de dirigirem suas próprias vidas e de cooperarem, a partir de uma posição forte e sólida, com a vida das outras pessoas.

O modelo hoje arraigado, mesmo refinado e aperfeiçoado pelo projeto de convergência institucional mundial, restringe as possibilidades de progresso concreto. E isto se dá porque se limita o acesso a recursos produtivos e a oportunidades, mediante a negação a um vasto número de pessoas comuns, dos meios para que possam desenvolver suas capacidades. Ao mesmo tempo, falha-se na eliminação da subversão do privilégio e da hierarquia de classes. Nas sociedades mais ricas e relativamente mais democráticas, as classes sociais estão agora equilibradas precariamente com meritocracia.

Podemos ter mais alcance para uma anarquia organizada com praticidade, gênio motor da economia de mercado, e de emancipação para o indivíduo, do que em relação à rigidez dos papéis sociais e das normas hierárquicas. Não apenas podemos desfrutar um pouco mais desses bens, como podemos também diminuir, embora não possamos abolir, as interferências que há entre uns e outros. Porém, não conseguimos alcançar estes objetivos, limitados que vivemos pelos presentes modelos e arranjos sociais. Devemos redesenhar nossas instituições e nossas práticas, e reformar as crenças que ajudam a sustentá-las.

No que se refere à organização da economia, a idéia central do programa da democracia fortalecida consiste no planejamento de um movimento rumo a concepções alternativas para o regime de propriedade. Refiro-me a ajustes e tratativas, entre vários governos, fundos independentes, prestamistas, elementos componentes dos direitos tradicionais de propriedade. O regime aumenta o acesso a recursos produtivos e a oportunidades, bem como as maneiras pelas quais sejam desdobrados e combinados.

O espírito que estimula o fio condutor do projeto sugere que se formate modelo político altamente energizado quanto à organização do governo. Exige-se e estimula-se um alto nível de engajamento e organização, ambos comprometidos com o civismo. Desenvolve-se um potencial para práticas consultivas e plebiscitárias, a exemplo do exercício da presidência sob regime efetivamente presidencialista, com o favorecimento de alternativas para soluções imediatas de problemas que obstruem o fluxo e a velocidade da pragmática proposta. Elementos da democracia direta são aglutinados e combinados com características procedimentais da democracia indireta. Dissimula-se e reinventa-se o repertório institucional do liberalismo constitucional conservador, vinculando-o ao compromisso liberal de fragmentação do poder, repudiando-se todos os instrumentos orientados para um arrefecimento da vida política.

Na organização da sociedade civil, o objetivo de uma democracia fortalecida consiste no incentivo para a proliferação de organizações não estatais, por meio de instrumentos que reformem e complementem o direito contratual e empresarial tradicional. Para tais fins, mecanismos jurídicos devem ser desenvolvidos, bem como bases financeiras e fiscais de um campo da vida social que não é nem político e nem comercial, que é público, mas que não é estatal.

Na formulação de direitos e dotações pessoais a democracia fortalecida pretende tonificar capacidades experimentais e habilidades para que em nosso meio se ensaiem arranjos alternativos. De modo que as experiências se desdobrem com segurança e efetividade, deve-se sentir seguro quanto ao controle de salvaguardas e de ferramentas que não suscitem risco permanente ao longo de um passo rápido rumo à inovação coletiva.

A preocupação central do programa orienta-se para o alavancamento da vida das pessoas mais simples para níveis mais altaneiros de capacidade e de intensidade. O reconhecimento do gênio do homem ordinário é precípuo na doutrina democrática. Trata-se de doutrina que exige aceitação perene e preparo permanente para a renovação das estruturas institucionais da sociedade. Conseqüentemente, é também exigência o preparo para com a aceitação de concepções de possíveis e desejáveis associações humanas que qualquer dessas estruturas modificadas possa incorporar.

A campanha destina-se a encontrar a grandeza na vida humana ordinária e corriqueira, alimentando-a. Essa campanha pode ser traduzida em compromissos mais estritos e também em comprometimentos mais amplos. Um esforço mais limitado consiste no avanço em área de intersecção entre condições institucionais de progresso material, incluindo-se crescimento econômico e inovação tecnológica, com condições institucionais para maior emancipação individual em relação a posições rígidas de casta, de classe e de papel social. Oportunidades pessoais que se rendem e se entregam para a lógica decadente de esquemas de hierarquia e divisão social são aspectos maiores do mal que a democracia nos propõe libertar.

Deve-se substituir o otimismo dogmático decorrente da crença em uma harmonia preestabelecida entre progresso prático e emancipação individual, tão característica de doutrinas liberais e socialistas que herdamos do século XIX, com fé igualmente dogmática na existência de um conflito entre tais valores. O significado destes dois grupos de crenças e a extensão em relação à qual cada um deles reforça ou ameaça o outro depende de pormenores institucionais de cada um deles. Estamos autorizados a esperar que por meio da reforma de nossas práticas e instituições poderíamos reconciliá-las de forma mais ampla, sem que tenhamos de suprimir as tensões que entre elas efetivamente existam. A esperança é razoável dado que o progresso prático e a emancipação individual dependem da aceleração do aprendizado coletivo e de uma liberdade ampla em articular pessoas, idéias e recursos.

Certas condições institucionais que sustentariam progressos práticos não conseguem na mesma medida favorecer a emancipação individual. Alguns modelos de organização social que promovem a emancipação individual representam obstáculos à inovação e ao crescimento econômico. É necessária a identificação de áreas de intersecções prováveis entre as bases institucionais de cada conjunto organizacional adequado, movendo-se nesta direção. Ao invés de se agir de acordo com um manual de instruções, avança-se ao longo de pontos predeterminados, alguns bem distantes e outros bem próximos da realidade presente. O argumento programático de *Necessidades falsas* trabalha com tais alternativas, descritas em ponto relativamente distante do modelo contemporâneo das democracias ricas do mundo ocidental.

O esforço para realçar os poderes da humanidade, e conseqüentemente da experiência da vida, fixando-os em um nível mais alto de intensidade, também passa por uma aproximação entre progresso prático e a emancipação individual com vistas à reconciliação entre grandeza e solidariedade, transcendência e conexão. Trata-se de uma resposta a nosso estado existencial básico, bem como da tentativa de alcançar uma oportunidade de fortalecimento. Uma vez que os objetivos sejam reconsiderados à luz desta premissa, pode-se ensaiar uma resposta parcial à seguinte questão: para que servem a intensificação da experiência e o fortalecimento da capacidade e para quais fins devem ser usados?

A proposta do experimentalismo democrático reside parcialmente na promessa de se contribuir para a realização de expectativas tais como suscitadas nas primeiras objeções lançadas em relação a um consenso contemporâneo. Tais expectativas variam do desejo na preservação e na reinvenção das diferenças nacionais até o plano de evitar desigualdades extremas e inseguranças sociais, culminando no progresso prático e na emancipação individual, instâncias que devem ser reconciliadas.

Tem-se também outra razão menos tangível para que se reconheça a autoridade do experimentalismo democrático, empreendendo os experimentos institucionais contínuos que o mesmo exige. Tal motivo consiste na aptidão em se viver e agir como realmente somos. A humanidade que está em nós é definida pelas relações e conexões que existem entre as pessoas, bem como por nossa capacidade de transcender aos sistemas de vida e de discursos que conhecemos ao longo de nossas existências.

Enfrentam-se dois grandes problemas que nenhum programa de reconstrução social pode resolver. Do modo como respondemos a esses problemas, como indivíduos e como sociedade, dependem as chances de nos tornarmos nossos próprios senhores, sem experimentarmos tal domínio como terror insuportável, um terror do qual tentaríamos escapar para uma nova forma de servidão.

Tornamo-nos indivíduos completos por meio de nossos relacionamentos práticos, cognitivos e emocionais, desenvolvendo nossos poderes e nos humanizando. Na inexistência de tais relações não há liberdade. Há apenas o silêncio e a fraqueza. Porém, essas relações também nos paralisam com a dependência, forçando-nos a agir de acordo com padrões e papéis preestabelecidos, roubando-nos de nós mesmos.

Conseqüentemente, o progresso do experimentalismo democrático é muito importante, dado que propõe engrandecer pessoas comuns, corriqueiras e ordinárias. E o faz na medida em que promete avançar na intersecção entre progresso prático e emancipação individual.

Podem ser muitos os sinais desta grandeza conquistada. Seguem alguns exemplos: a boa vontade e a habilidade do indivíduo em autoproteger-se, isso porque a falta de proteção é antídoto para a mumificação e caminho para mais vida; a capacidade de uma busca mais efetiva de objetivos materiais e morais, mediante a reconstrução parcimoniosa das estruturas e crenças dentro das quais normalmente vivemos; o domínio de nossas premissas aviva-nos a consciência, a independência e o poder; a consciência de uma condição de vida singular, dramática e irreversível, bem como dos eventos históricos em relação aos quais cada vida se confunde. É que o momento narrativo proporciona à nossa experiência uma intensidade insaciável, a completude de um significado e de uma possibilidade, circunstâncias que alegoria e fatalismo iriam negar. Como último exemplo, resta a habilidade em unir um engajamento completo entre empreendimento e comunidades com poder intelectual para julgamento e poder prático para destituição e substituição. Há sempre algo mais em nós mesmos, individual e coletivamente, do que há naqueles que destituímos e substituímos.

Devemos nos reconhecer como radicais originais, como indivíduos que transcenderam ao próprio contexto. Conhecemos e sabemos o que seremos no fim de tudo. Tal reconhecimento transforma-se em amor, que é seu ponto focal. Este reconhecimento é fundado na capacidade de imaginar as outras pessoas um pouco além da supressão do interesse próprio. Porém, ainda não temos poder para ultrapassar as estações e marcas da vida. Devemos lutar para nos transformar em seres dotados de completude. Na medida em que tal transformação se dá, outorgamos realidade prática aos laços que ligam idéias de amor e de espírito, de conexão e de transcendência. Este é o horizonte de ansiedade para o qual apontam empreendimentos prosaicos e seculares do experimentalismo democrático. Trata-se da ligação mais importante entre as preocupações que dirigiram as religiões soterológicas do Oriente próximo, como judaísmo, cristianismo e islamismo, com as idéias centrais do credo democrático.

São vários os defeitos que afetam o argumento de *Necessidades falsas*. Parecem um pouco mais falhas na completude do que enganos. Entretanto, a tentativa de redimi-los sugere o quanto as idéias aqui desenvolvidas precisam ser aperfeiçoadas antes que possam atingir o objetivo de reivindicar um segundo caminho.

A primeira e mais básica deficiência do argumento consiste na facilidade com que as idéias nele encetadas possam ser interpretadas como componentes de um manual de instrução autoritário e dogmático. O que se necessita, pelo contrário, é de uma forma de reconhecer possibilidades de transformações emergentes, de nos apropriarmos destas possibilidades, e de desenvolvê-las rumo a uma direção que acomode nossos interesses e ideais. Trata-se de problema decorrente da ausência, na parte central do presente livro, de programa de transição, vinculando democracia fortalecida com circunstâncias concretas das sociedades presentes.

Todavia, a idéia de programa de transição implica antecipadamente na aceitação de que, de fato, é compensador pensarmos muitos passos adiante no que toca a uma seqüência de reformas e a uma formulação de ordem institucional distinta da atual. Tal esforço, e aí vai outra objeção, representa retorno perigoso para a aventura racionalista de épocas anteriores. O que realmente precisamos é de uma perspectiva relativa a qual direção tomarmos, bem como necessitamos de que se indique com clareza qual o próximo passo. Pode-se então em seguida confirmar-se nossos poderes de reconstrução, sem que nos rendamos à ilusão de que somos hábeis para dominar um futuro distante. Um programa para o porvir pode fortificar o desejo e a vontade, porém cobra o preço de corromper a imaginação.

Deve-se ler o argumento em favor do fortalecimento da democracia à luz do argumento das necessidades falsas e do pragmatismo radical que o informa. Tal leitura, sob tal perspectiva, não capta no programa mero manual de instruções. Deve-se entender o projeto como exemplo de como podemos fortalecer a democracia e generalizar o experimentalismo através da renovação de nossas práticas e de nossas instituições, embora, bem entendido, no presente momento nos encontremos a média distância desta realização, não estamos dela tão distantes e nem tão próximos.

Permanecemos sob as garras de um arranjo institucional que reconhecemos cada vez mais como contingente e restritivo em relação a nossos interesses e ideais. Não sabemos como produzir ou imaginar cenário distinto. Continuamos na dependência de uma calamidade como condição emuladora para a reconstrução da sociedade, e até mesmo como circunstância determinante para reimaginá-la.

Parte da solução consiste no desenvolvimento de outro modelo de se pensar e de se falar sobre a sociedade. Um modo que nos permita compreender o caráter profético de nossas práticas e de nossas instituições. O sentido no qual se fez o que somos. O poder que possuímos em resistir e em revisar a nós mesmos. A utilização de aliança entre pensamento e política em desfavor do destino.

Tal compreensão não nos conduzirá para um agnosticismo relativo à sociedade e à história. Pelo contrário, a aludida compreensão aumentará o poder e a generalidade das idéias que possuímos. A reivindicação de tal suposição é o objetivo do argumento das necessidades falsas.

A solução passa pela renovação, pela composição de uma compreensão reorientada, por uma imaginação programática, pelos meios como pensamos e falamos a respeito do futuro e de suas alternativas. Como conseqüência do longo triunfo do determinismo junto às ciências sociais, verifica-se que nossas práticas explicativas são antagônicas a nossas ambições programáticas.

Na medida em que ultrapassamos tal obstáculo, por meio da reforma de nossas idéias relativas à sociedade, descobrimos novos problemas. Não há um estilo privilegiado de discurso programático. Pode-se propor local ou globalmente, tanto para o próximo passo como para uma futura seqüência de reformas planejadas, projetando-se uma certa direção para as mudanças pensadas.

Também na medida em que nos movemos do local para o global, e dos próximos passos para os movimentos mais avançados, nosso pensamento torna-se mais experimental e mais especulativo. Entretanto, não podemos nos confinar no âmbito do próximo passo sem que consigamos esvaziar a direção de seu conteúdo real. E se nos limitarmos ao ambiente local, fracassaremos em justificar as limitações e as oportunidades apresentadas pela cadeia de analogias que agora vinculam a humanidade.

Precisamos conseqüentemente buscar e ocupar o espaço total que é oferecido por um discurso programático. Do local para o global, do próximo para o distante, do prático para o profético. Parcela significante do argumento programático aqui encontrado move-se com destino a vários limites do universo imaginativo. O global, o distante, o profético, embora plasmados na linguagem estéril do Direito e da doutrina social. O verdadeiro significado desta referência aqui feita aos limites buscados torna-se aparente apenas quando aproximamos o conteúdo aqui defendido com outros discursos conceituais que deveriam ocupar o remanescente do espaço imaginativo, aliás sua maior parte.

Então a imaginação programática faz as pazes com as possibilidades locais e emergentes. E apenas então tal circunstância torna-se possível, sem que se caia no erro de supor que tais possibilidades estão já prenhes de futuros particularizados. Possibilidades emergentes precisam ser fertilizadas com idéias que aumentem nosso domínio sobre o tempo e sobre as circunstâncias. Cada uma destas possibilidades é indeterminada no que toca à sua natureza institucional, e conseqüentemente também no que se refere a suas conseqüências sociais. Permanecendo desacompanhado, o programa de fortalecimento da democracia convida a um mal entendido, a partir do qual o *insight* referente à sua intenção deve ser salvo.

Outro defeito reside na ausência de argumento que demonstre os passos de transição possível entre a proposta resultante do fortalecimento da democracia com o aqui e o agora, com o imediatismo da sociedade contemporânea. Cada uma das propostas programáticas merece ser pensada como marco indicativo do caminho que nos conduza de onde estamos para uma direção desejada, por meio de uma sucessão de passos. Uma teoria social determinista, abraçando a idéia de sistemas institucionais indivisíveis que se sucedem de acordo com um roteiro preestabelecido não deixa espaço para que se pensem alternativas. Necessidades ocupam o espaço de propostas.

Nossa imaginação transformadora restará desorientada se a derrota de tal determinismo for seguida por práticas explicativas que diminuam ou que neguem a descontinuidade estrutural na história. Seremos forçados a revisitar um modelo substitutivo e falso de realismo. Uma proposta realista enquanto abordar o que existe e utópica enquanto se distanciar da realidade presente. Então surge um dilema retórico falso que desorienta e que descredita esforços contemporâneos de se pensar programaticamente. Uma proposta que se distancie das práticas arraigadas será objeto de zombaria e motejada como utópica. Uma proposta próxima dos arranjos institucionais presentes será repudiada como trivial.

O pensamento programático é música, não é arquitetura. Vive em seqüência. Uma vez mantido por uma imagem de mudança no contexto formativo da vida social, instrumentaliza-nos para a exploração de um caminho de mudança em muitos pontos distintos, diretamente transitando do próximo passo para os passos mais distantes. O que importa é a direção e não a proximidade relativa.

O objeto do argumento explicativo do presente ensaio consiste no estabelecimento de uma concepção confiável de mudança estrutural, nas ruínas do determinismo da teoria social clássica e na onda dos subterfúgios da ciência social contemporânea. Todavia, a proposta de reconstrução, que encontra suporte no argumento do texto, reside em ponto deliberadamente remoto do presente arranjo institucional, o melhor que revela a direção para a qual se dirige a proposta.

Esse programa precisa ser complementado por formas de pensamento que se conectam às realidades presentes e com o discurso dominante. Quanto mais próximos nos aproximamos do aqui e do agora, do imediatismo de nosso tempo, mais contextualizado deve o argumento se centrar, quanto a circunstâncias particulares. E para nos aproximarmos, exige-se menos um plano de seqüência fixa de reformas descritas, em ordem predeterminada de modo discursivo singular, do que de repertório completo de diferentes formas de se explorar o próximo passo, e os passos supervenientes.

Um terceiro defeito do argumento programático de *Necessidades falsas* consiste na falha que há no reconhecimento de direções plausíveis que o aprofundamento do experimentalismo democrático pode tomar. A concepção de uma democracia fortalecida identifica uma direção neste sentido. Uma direção marcada por interação entre arranjos que estabelecem políticas energizadas e reformas designadas para que se afrouxem os nós privilegiados dos recursos essenciais de riqueza, poder e conhecimento.

O reconhecimento de que a democracia possui alternativas futuras não pode se reduzir à reflexão teórica tardia, ou à concessão de princípios, produzida posteriormente à subtração de seus efeitos práticos. Enfatizar tal diversidade significa o reconhecimento da falsidade da idéia liberal que nos dá conta de que podemos separar o certo do bom, mediante a criação de instituições que permanecem neutras ao longo de possibilidades defensivas calcadas na experiência. A miragem da neutralidade fixa-se em um compromisso realista para a abertura e para o experimentalismo, convidando para a concepção de equação que paralise um sistema institucional particular que tenha a forma definitiva de sociedade livre.

Movimentando-se nessa direção, incluindo-se o que aqui chamo de democracia fortalecida, são desestimuladas e sacrificadas algumas formas de experiência humana de valor inestimável. Cada uma das direções apresenta seus erros. Trata-se de uma agenda repleta de problemas. Ganha-se mais autoridade e mais poder na medida em que se dominam tais problemas.

O quarto defeito do argumento programático de *Necessidades falsas* consiste em sua impotência para explorar a relação entre os temas afetos à segunda via com os aspectos de todos os demais caminhos propostos, especialmente no que toca à polêmica travada com a suposta senda exclusiva proposta pelo neoliberalismo. Tal problema, por outro lado, decorre de outro aspecto, o fracasso em confrontar o peso das diferenças nacionais que sobrevivem, diferenças enfraquecidas, porém vigilantes, cotejadas com o mundo contemporâneo.

Seria a alternativa mais adequada um segundo caminho ou uma gama de caminhos alternativos? Ou será que não deveríamos buscar opções, por outro lado, nos vários caminhos que carecem de ser construídos com os materiais produzidos e oferecidos pelas tradições conflitantes e pelas civilizações que se desenvolveram ao longo da história mundial?

Por causa da necessidade de sucesso prático e da busca de sobrevivência, cada país deve agora se mostrar preparado para entregar parte de si, reformatando práticas e hábitos particulares com comportamentos que há de importar e copiar, imitar e adaptar. Em tal circunstância, qual deveria ser nossa atitude para com as diferenças entre as nações?

Doravante passo a discutir o problema da transição e a relação das muitas alternativas com o segundo caminho.

Há um programa que faz a mediação entre o presente arranjo institucional e a democracia fortalecida, com estações nas versões rivais do segundo caminho. Embora toda transição deva levar em conta as circunstâncias de uma sociedade em particular, em relação à qual se pretende executar o programa em foco, pode-se visualizar tal projeto como resposta concreta aos problemas e às circunstâncias de um grande número de países. Apenas os mais pobres serão excluídos. Mesmo a este baixíssimo nível de desenvolvimento, o programa pode exibir pormenores distintivos suficientes para plasmar sua diferença em relação à humanização do inevitável, reduto para o qual agora a maioria dos progressistas reduziu e depositou suas esperanças.

Governos competentes e condições para estratégias de rebelião para o desenvolvimento nacional

O primeiro elemento no referido programa de transição consiste em assegurar que os governos disponham de recursos humanos e financeiros com os quais poderão fortalecer e erguer as pessoas mais comuns. Tal governo proporciona meios educacionais e econômicos para a cooperação e o autodesenvolvimento independente. As pessoas recebem ajuda para que possam libertar-se por si mesmas dos trabalhos maçantes e enfadonhos, da repetição, do artesanato sem fim. Torna-se possível que se desenvolvam formas de vida mais adequadas ao espírito, isto é, que suscitem um transbordamento da própria circunstância e a percepção da vida de modo altaneiro.

Tal governo faz mais do que investir em salvaguardas econômicas e em capacidades econômicas de sua população. Comporta-se também como sócio ocasional de uma multitude de futuros microempresários, por meio de fundos financeiros e de centros de apoio. Ele ainda proporciona diretamente ou ajuda que se obtenham fundos e conhecimento necessários para o início de uma nova fase na vida das pessoas.

Para tudo isso, o governo necessita de fundos e de pessoal administrativo. A situação também requer uma certa margem de manobra. Um pouco de habilidade, por exemplo, para enfrentar os caprichos das finanças internacionais. A situação exige também o sacrifício necessário para que se implemente uma economia real, em que pese o medo e a ganância de círculos restritos de magnatas do dinheiro.

Tal governo tributa de forma pesada. No entanto, gasta o que tomou a título de tributos transformando sua população, melhorando a qualidade de seus habitantes. Nas condições do mundo contemporâneo, nenhuma sociedade conseguiu se civilizar respeitando o potencial das pessoas comuns, sem recolher pelo menos trinta por cento de seu produto nacional bruto em tributos.

Porém, como uma carga tributária altíssima poderia ser assegurada com um mínimo de trauma e de custos, de modo a implementarem-se incentivos econômicos e iniciativas produtivas? Nos estágios iniciais da transição deve-se contar com a regressividade tributária. Por exemplo, na tributação da circulação de produtos, e conseqüentemente do consumo, utiliza-se uma alíquota única.

A justificativa para tal uso da regressividade repousa nas lições comparativas de experiências fiscais. Tais lições suscitam paradoxo. O sistema tributário que aparenta respeitar a tributação progressiva, regularmente acaba por preservar a desigualdade latente nas circunstâncias e nas oportunidades da vida social. Um sistema tributário que pareça virar as costas para os princípios progressivos acaba por favorecer a redistribuição, colaborando para a realização de mais igualdade.

A explicação para este paradoxo aparente radica na relação existente entre as conseqüências econômicas do aumento da carga fiscal e o papel dos gastos sociais, sendo esses últimos financiados por carga tributária muito alta, utilizada na moderação e na aceleração de capacidades. A curto prazo, o nível e o caráter dos gastos sociais pesam mais do que uma relativa progressividade na tributação.

Um sistema tributário relativamente progressivo, como o norte-americano, marcado por carga pesada no imposto de renda da pessoa física, acabou provando-se regressivo na vida real. Nas democracias contemporâneas, todas relativamente democráticas, uma redistribuição tributária direta não dá conta de produzir recursos públicos suficientes, que se mostrem efetivamente importantes. Não se logra tal objetivo sem que se alcance um nível que daria início a um rompimento de incentivos que possibilitariam um crescimento econômico rápido e sustentado. Na medida em que se reduzem os incentivos atuais, com o objetivo que se economize, produza e invista, ter-se-ia uma ameaça aos arranjos já costumeiros e arraigados da atividade produtiva, sem a criação de uma alternativa distinta que substitua o modelo anterior.

Por contraste, o sistema tributário francês, que aparenta ser relativamente regressivo, porque baseado na tributação indireta do consumo, pode de fato provar-se mais progressivo. Isto se dá na medida em que um maior volume de gastos sociais proporcione conseqüentemente um maior recolhimento por parte do Estado, acompanhado de um menor trauma econômico, sobremodo se este alto gasto social for utilizado para proporcionar uma efetiva redistribuição de renda. A redistribuição por meio da extrafiscalidade é sempre subsidiária de uma redistribuição que resulte em reforma estrutural. O efeito progressivo de tal política fiscal conseqüentemente depende, mais do que tudo, da ampla estrutura das instituições políticas e econômicas. Vincula-se à extensão em relação à qual tais instituições descentralizem o acesso aos recursos e oportunidades produtivas.

Nenhum país que aspire ser uma democracia tem razões para aceitar mudanças para um modelo de tributação regressiva, suscitando uma maior arrecadação tributária, a menos que implementem algumas condições. Quanto maior a carga fiscal, mais deve o ente tributante mostrar-se comprometido em utilizar os recursos carreados para proporcionar o bem estar geral. Ademais, tal política precisa ser vista como um elemento componente de um movimento mais amplo tendo em vista a democratização do mercado, de modo a que um maior número de pessoas possa ter acesso aos meios de produção, desenvolvendo-os de muitas maneiras.

Uma vez que tenhamos mais recursos disponíveis para o governo, com menos trauma, por meio de uma tributação indireta e regressiva sobre o consumo, pode-se dar início, em momento posterior, à reintrodução da progressividade que fora sacrificada em tal modelo fiscal.

Um sistema de progressividade tributária possui dois objetivos principais. Atenta-se para a hierarquia dos padrões de vida, causada pela habilidade desigual dos indivíduos em gastar recursos gerados pela sociedade em benefício próprio, além do exercício do poder, permitido pelo uso do capital no comando do trabalho. Assegurando-se ao ente tributante o acesso à arrecadação expressiva, pode-se alcançar o primeiro objetivo mediante a diminuição das alíquotas de consumo, concomitantemente a um aumento nas alíquotas dos outros impostos, alcançando-se um fato gerador tributário identificado pela diferença entre a renda e a poupança individuais, o chamado imposto Kaldor. Pode-se alcançar a segunda meta por meio da tributação do capital, começando-se com uma taxação progressiva em doações e heranças familiares.

Dotar-se um governo com base expressiva de receitas públicas é apenas metade do que se necessita para se instrumentalizá-lo para que detenha capacidade de iniciativa. Consiste a outra metade na necessidade de se desenvolver um corpo burocrático de elite, bem remunerado, respeitado, bem treinado, recrutado entre profissionais de início e de meio de carreira. Tão inadequado quanto a inexistência de um serviço público de elite é a utilização de tal serviço para fins políticos, com base em concepção apolítica de conhecimento técnico.

Além de recursos financeiros e humanos o governo que mentalizo carece também de condições que possibilitem que o país trilhe o caminho revolucionário de desenvolvimento nacional, preocupando-se menos com os preconceitos das altas finanças e mais com as demandas de uma economia concreta. Para tais fins, o país deve contar com um programa de mobilização de recursos nacionais. Tal sistema exige um alto índice de poupança interna e um bem articulado vínculo entre poupança e investimento.

É verdade que a poupança doméstica tem sido identificada menos como causa ou condição e mais como conseqüência do crescimento. Também é verdadeiro que, ao contrário do enunciado por inúmeras suposições falsas do ideário marxista, para efeitos de base para o crescimento econômico, a extração de um sobrevalor do consumo corrente é bem menos interessante e eficiente do que a capacidade de inovação permanente.

Na maioria das vezes, a razão justificativa para a busca de um alto nível de poupança interna encontra-se na ampliação da habilidade de financiamento de estágios iniciais de desenvolvimento nacional, com base em instituições de mercado redefinidas, sem que se tenha que agradar aqueles que exercem grande influência nos movimentos do capital, conduzindo a economia mundial. Fortalecemo-nos na medida em que deixamos de sacrificar as necessidades de uma economia real. Até agora, os sacrifícios somente beneficiaram os banqueiros e seus agentes.

Um dos objetivos da utilização do padrão ouro em seus dias de glória fora manter o nível de atividade econômica dependente da confiabilidade no regime de juros, controlado pelos interesses do grande capital, que mantinha os governos sob rédeas curtas. Devemos enfrentar toda tentativa orquestrada no sentido de recriar equivalentes do padrão ouro. Para aqueles que pretendem o retorno de tal modelo ou de algo similar, a limitação da presença do Estado na condução e no controle de iniciativas econômicas não é o problema, é a solução.

Porém, um alto nível de poupança interna será perigoso se falhar em se fazer acompanhar por um estreitamento dos laços institucionais entre poupança e produção. É verdade que devemos rejeitar a vulgar concepção keynesiana que nos sugeriria que devemos consumir, independentemente do contexto, dado que o consumo elevaria o nível de atividade econômica e a capacidade produtiva da economia. Na rejeição de tal concepção, entretanto, também não podemos retornar a um dogma pré-keynesiano, que nos informa que a frugalidade é um bem em si, ou que a tradução da frugalidade em crescimento econômico é desdobramento natural.

Se a oferta não consegue criar sua própria demanda, possibilitando pelo menos um baixo nível de equilíbrio, a demanda provavelmente não conseguirá gerar sua respectiva oferta por conta de uma inadequada resposta de investimento e de inovação. Ou então o modelo se dissipa com o crescimento de importações, o qual a economia interna logo se encontra incapaz de manter.

Pode-se reduzir para uma equação terminológica a relação contingente entre economia e consumo e entre investimento e produção, somente quando perdermos de vista a indeterminação institucional da economia de mercado. Esta é marcada pela pluralidade de formas, nas quais consegue-se traduzir a idéia abstrata de economia de mercado.

A progressividade tributária temporariamente sacrificada poderá ser recompensada com uma poupança compulsória sobre saques, proporcional à renda. Tal esquema implementaria o princípio da poupança compulsória. Daqueles que ganham acima de um determinado patamar será transferida uma parcela da receita para garantia de uma receita mínima para aqueles que ganham abaixo de um outro patamar também a ser identificado. Porém, o benefício exige que o beneficiário esteja trabalhando ou sendo treinado para o trabalho. Na medida em que as contas de poupança sejam individualizadas consegue-se a transferência de contas com maior numerário para contas com menos recursos, de modo que valores dos mais ricos sejam transferidos para os mais necessitados.

Parte desses recursos poderia ser drenada para um conjunto de fundos públicos e privados, operados no mercado financeiro e também fora dele. Parcela desses valores poderia proporcionar laços mais diretos entre poupança e produção, externos ao mercado financeiro convencional, ocupando-se esses fundos de um trabalho típico do capital de risco, mediante o investimento em novos empreendimentos. Um montante desses recursos também poderia multiplicar e aprofundar as conexões entre setores mais avançados e mais atrasados da economia, contribuindo na formação de uma retaguarda de sustento econômico orientada para o crédito, para a tecnologia, para o aperfeiçoamento das técnicas produtivas, para a inovação.

Por um ser humano dotado e equipado

Uma segunda plataforma do programa de transição consiste no compromisso de fortalecer a dotação econômica e educacional do trabalhador ordinário e do cidadão comum. Trata-se de um esforço para garantir para tais pessoas meios para a realização de iniciativas concretas e para cooperação efetiva.

O trabalhador e o cidadão nestas condições precisam estar aptos a ganhar o sustento e a vida. A partir de uma posição de auto-suficiência precisa-se trabalhar em conjunto. O trabalhador necessita ser preparado para participar de atividades comuns e de cooperativas, perfilando força prática e autoconfiança que o protejam da dependência miserável.

A idéia principal que subjaz ao esforço de garantir dotação econômica e educacional básicas a cada pessoa consiste no fato de que tanto mercado democratizado quanto democracia efetiva requerem um agente que seja indivíduo livre e capaz. Nem a descentralização das oportunidades econômicas e tampouco a energização da democracia seriam suficientes para gerar tal pessoa. Uma idéia correlata indica-nos que a habilidade individual para participação efetiva em práticas coletivas de inovação acelerada, bem como para tolerar sem medo os perigos e ameaças que a situação suscita, dependem muito da experiência pessoal e única de se sentir dono de si mesmo. O trabalhador e o cidadão precisam sentir-se seguros. Precisam de muita garantia, e da proteção de um ambiente acolhedor que albergue seus interesses vitais e suas habilidades.

O esquecimento de regras que definam esses interesses vitais e essas habilidades por parte de um projeto político de curto prazo limita o experimentalismo democrático que vitaliza a democracia verdadeira. Lembremo-nos analogicamente da relação entre o amor que os pais dão aos filhos e as aventuras dos filhos no sentido da auto-realização.

Obtém-se maior efeito prático na demofilia que motiva a democracia na medida em que se garanta à pessoa comum uma posição na ordem social e uma chance para que domine sua circunstância imediata. Agimos com a idéia de que a estrutura de classes sociais impõe uma limitação desnecessária e intolerável ao potencial da humanidade e à grandeza do indivíduo. Permitimos que esta ação seja guiada pela conjectura de uma condição que dê fim ao sistema de classes sociais, como mecanismo de garantir a cada pessoa uma herança social dos recursos econômicos e sociais. Há outras condições.

Uma segunda condição consistiria na descentralização do acesso efetivo ao capital e aos outros meios de produção. Uma terceira condição centra-se na organização da política e da sociedade civil de modo que se tornem mais fáceis a identificação, os desafios, as mudanças, passo a passo, das práticas e das situações já arraigadas. Uma última condição decorre das preocupações referentes às partes remanescentes do programa de transição.

Assegura-se a cada cidadão um quinhão de dotação econômica garantido-se ao mesmo, assim que o nível de riqueza social e o estado das finanças públicas permitirem, uma conta de dotação social. Tal conta seria formada por um fundo de recursos sacáveis pelo interessado. O indivíduo pode retirar valores em certos momentos da vida. Por exemplo, quando dá início a seus estudos superiores, quando se casa, quando dá entrada na compra de uma casa, quando estabelece um negócio. As retiradas variariam de acordo com alguns critérios de compensação. Necessidade especial, prêmios, incentivos, habilidades extraordinárias, tudo muito bem demonstrado por meio de competições e de aferições objetivas.

Uma ênfase em distribuição limitada de recursos substitui, no programa de transição, a preferência socialdemocrática por uma compensação mitigada de transferência de rendas. Redistribuição de recursos ou de rendas não conseguem atingir o efeito desejado a menos que contextualizem inovações institucionais desenhadas para democratizar o mercado e para energizar a democracia. Em tal contexto, o desenvolvimento do princípio da herança social por meio da dotação econômica individual ajuda a recriar, sob as presentes condições, o ideal arcaico de democracia de pequenos proprietários. A pequena propriedade deveria garantir a independência nas escolhas individuais, assim como deveria garantir também a liberdade de opção política.

Para se renovar permanentemente este ideal, deve-se salvá-lo de sua confiança exclusiva no sistema de propriedade particular. Deve-se repensar a dotação social como uma parte da solução e não como solução efetiva, isolada e individualizada. A solução depende de uma combinação de medidas que purifiquem de nossas atividades cooperativas as nódoas da dominação e do subjugo.

O desenvolvimento educacional promove um complemento à dotação econômica. Há dois pontos cruciais. O governo deve garantir a todos um mínimo de educação de qualidade no início da vida, com opção para que se estenda o benefício para as fases posteriores da existência. Em segundo lugar, os conteúdos dos programas educacionais devem instrumentalizar os educandos para que detenham meios intelectuais para trabalhar dentro da ordem presente e para julgá-la a partir de uma distância criativa e imaginativa.

Os valores a serem outorgados para fins educacionais devem incluir investimentos mínimos em relação a cada criança e em relação a cada estabelecimento de ensino, avaliados de forma independente. A obtenção garantida de tais valores mínimos é incompatível com um sistema federal rígido ou com a utilização, dentro de tal contexto, de financiamentos exclusivamente locais para escolas públicas. Se as finanças locais desempenham um papel no fomento da educação, deve haver provisões para auxiliá-las, por meio da redistribuição entre as várias localidades, de recursos educacionais disponíveis para as comunidades mais pobres e mais carentes. Nos extremos da privação a redistribuição deveria ser mais agressiva. Por exemplo, a quantidade a ser pulverizada em cada localidade poderia ser inversamente proporcional à renda *per capita* da respectiva comunidade.

Em vez de permanecerem rigidamente separados, o governo federal e os governos dos estados e dos municípios devem formar colegiados intergovernamentais com o objetivo de supervisionar o programa de financiamento educacional aqui proposto. Tais colegiados interviriam, de forma temporária e localizada, quando recursos mínimos deixassem de ser aplicados e quando o mínimo deixasse de ser produzido em contrapartida pelas entidades educacionais. Cidadãos prejudicados estariam autorizados a buscarem tutela judicial quando tais colegiados educacionais intergovernamentais falhassem em garantir a realização dos programas mínimos de incentivo.

Em países mais pobres, ou mesmo entre as classes mais necessitadas de países relativamente ricos, tal mínimo educacional publicamente garantido talvez não seja suficiente. Não é o bastante que se garanta a disponibilidade de escolas para as crianças. As crianças devem estar disponíveis para o estudo. Devem receber da escola e das organizações auxiliares comunitárias de suporte a ajuda material de que necessitam para que fiquem na escola e para que tirem o maior proveito da educação que lhes será oferecida. Tal princípio deve ser generalizado além dos limites da própria educação.

O resíduo de maior valor durável e perene no Estado de bem-estar social e democrático reside na responsabilidade social, a ser exercida por meio do governo, de se fazer frente ao déficit de condições básicas que os indivíduos precisam para se tornar trabalhadores efetivos e cidadãos completos. Desigualdades extremas devem ser mais temidas do que modelos de igualdade muito rígidos que seriam altamente desejáveis. Tais desigualdades representam uma cilada, derrotando os maiores desejos e propósitos da causa democrática e experimental.

Essa emboscada constitui-se no maior mal a ser enfrentado por uma política democrática que se propõe a salvar os indivíduos. Suprime-se a expressão de um contexto de desafios, transcendendo-se um poder que é signo e insígnia do espírito. Envenenam-se atividades cooperativas. Não se coopera sem que se imponha ou sem que se sofra subjugação. Não se afirma ou se desenvolve poder de resistência e de originalidade sem que aparentemente se cometa traição em relação a algumas das lealdades de grupo que nos têm modelado. Enfrentamos uma contradição por conta de requisitos de auto-afirmação negadores de possibilidades de grandeza.

O conteúdo dos programas a serem ensinados é tão importante quanto a provisão de fundos para o projeto educacional. É missão da escola em uma democracia salvar a criança de seu mundo. Deve-se dar a cada criança meios intelectuais com os quais ela possa compreender e julgar o mundo no qual ela nasceu, de acordo com o nível de talento que ela possua.

Conseqüentemente são dois os elementos centrais de uma educação básica. O primeiro deles aponta para o domínio por parte da criança de um núcleo genérico e analítico de conhecimentos e de habilidades práticas. A prioridade concedida à obtenção de tais habilidades é incompatível com um modelo de educação focalizado em conhecimentos enciclopédicos. Exige-se comparação e profundidade em vez de completude superficial e coerência: uma investigação seletiva da natureza, da sociedade e do eu do educando.

A partir dos estágios iniciais o aprendizado deverá ser cooperativo sempre quando factível. O estudo deve ser organizado e conduzido de acordo com o princípio central da imaginação, que alcança o real reconsiderando-o a partir do ponto privilegiado do possível.

Por um movimento de compensação criado para garantir a liberdade do espírito, preparando-o para posterior descoberta e surpresa, ensino e estudo resistem concebendo os mais distantes limites e *insights* em qualquer área do pensamento. Qualquer queixa para com tais limites gera a suspeição de generalização não autorizada de circunstâncias locais, além de indesejado preconceito provinciano.

A subsunção do real ao executável e a relutância em se recomendarem os limites do possível são as características dominantes da prática de explicação social desenvolvida e defendida aqui. Trata-se também do cerne do experimentalismo prático que se encontra presentemente em quarentena nos setores mais avançados de produção que há no mundo. Faz parte do projeto de aprofundamento democrático a libertação desse experimentalismo prático de seu confinamento em setores isolados, propagando-o junto à atividade econômica.

A economia de mercado democratizada

O terceiro eixo do programa de transição concentra-se em um esforço para democratizar o mercado. A presunção com que se trabalha nessa parte do programa de transição dá-nos conta de que podemos e devemos reorganizar a economia de mercado, em vez de simplesmente regularmos ou compensarmos seus resultados desiguais, por meio de redistribuição retrospectiva.

O pressuposto conceitual crucial é de que a economia de mercado, a exemplo da democracia representativa ou de qualquer outra concepção institucional abstrata, é institucionalmente indeterminada. Falta-lhe qualquer forma institucional natural e necessária. O repertório exíguo de variáveis de economia de mercado ora vigente nas economias ricas do Atlântico Norte é composto de instituições e práticas que têm se mostrado mais inovadoras, mais amistosas para com o crescimento e mais hospitaleiras para com instituições políticas livres.

Não obstante, captamos erroneamente as lições da experiência se supormos que os modelos atuais representam o resultado inevitável de uma paralisante e inexorável convergência para com uma necessária, ou até melhor, forma de mercado. Tais formas são produtos emblemáticos de conflitos e de compromissos singulares. Na interrupção dessas lutas e na concepção de acordos e de exemplos, teve-se que agir de acordo com um estoque limitado de idéias e de modelos. Em cada mudança, o resultado fora influenciado pelos mais poderosos interesses. Esses visavam obter uma acomodação decorrente de imperativo de reforma com um mínimo de sacrifício e de mudanças.

Ao invés de enxergar em cada inquietação do presente curso de reformas, orientadas para o mercado, como trunfo do mesmo em relação a modelos de alocação de recursos que estejam fora de seu campo de ação, deve-se aprender a reconhecer nessas inquietações movimentos prematuros de uma campanha orientada para se reorganizá-lo. O programa de transição enceta uma tentativa de precaução contra a volta do mercado todo poderoso. Tal retorno representa e significa a ditadura da minoria que detém segredos e que subjuga uma maioria até o presente excluída. Tenta-se fazer o que genericamente os norte-americanos do século XIX fizeram em relação a aspectos particularizados da economia daquele país quando descentralizaram e democratizaram a agricultura e os serviços bancários.

Ainda nos primeiros passos de um programa como o presente, o esforço para se democratizar o mercado move-se entre ambições minimalistas e maximalistas. O objetivo mínimo consiste em redesenhar a economia de mercado, a partir da forma como ela agora existe e se apresenta, com o propósito de se assegurar acesso amplo para suas práticas, recursos e oportunidades. O objetivo mais lato consiste em enfraquecer a divisão entre setores avançados e atrasados da economia. Dar-se-ia a um maior número de pessoas meios com os quais serão conjugadas cooperação e competição, cortando pela raiz contrastes entre supervisão e execução, transformando inovação em hábito.

Intenções minimalistas e maximalistas exigem a organização de atividades cooperativas entre pequenos e médios produtores que também competem entre si. Objetivos minimalistas e maximalistas demandam o desenvolvimento de formas descentralizadas e experimentalistas de parceria entre governo e iniciativa privada.

Não se deve escolher entre o modelo norte-americano de governo, que regulamenta a meia distância as transações privadas, e governo como autor, que por meio de pessoal burocrático gere negócios centralizados e políticas industriais. Aquele primeiro é incapaz de criar condições que permitam estranhos no mercado. Este último arrisca sacrificar as descobertas dos experimentos descentralizados em nome de dogmas e de interesses de mandarins remotos.

A solução funda-se na formulação de uma aliança entre governo, empresas estabelecidas e empresas iniciantes. Esta aliança teria o objetivo de dar início a um nível intermediário de habilitação e de apoio. Tal se faria por meio de fundos monetários e de centros de ajuda que serviriam como pontos estratégicos para redes de negócios simultaneamente cooperativos e competitivos. Por vezes, tais entidades providenciariam ajuda financeira e suporte técnico para si mesmas. Agiriam desde o início na qualidade de fundo de capital de risco público e independente. No final de contas seriam autofinanciadoras. Para este propósito, as referidas entidades devem receber e reinvestir uma parcela dos recursos provenientes da poupança compulsória. Outras vezes, protagonizarão o mais recatado papel de propiciarem acesso ao capital, à tecnologia e ao conhecimento técnico.

Algumas dessas entidades concentrar-se-iam no desenvolvimento de produtos, serviços e tecnologias que favoreçam vínculos fortes entre setores avançados e atrasados da economia. Outras entidades buscariam propagar práticas mais adequadas entre os segmentos menos avançados da produção. Ainda outras trabalhariam com redes cooperativas e competitivas de pequenas e médias empresas com o objetivo de desenvolver trocas e estratégias de produção. Seriam rejeitadas políticas coesivas, associadas, modeladas em conhecimento geral, cujos pormenores surgem com seus desdobramentos, a exemplo de ações implementadas nas economias do nordeste asiático. Também devemos virar as costas para o agnosticismo relativo às ações conjuntas promovidas no modelo norte-americano de economia de mercado. Fundos e centros de apoio privados, públicos e mistos praticarão uma versão experimental e pluralista de coordenação estratégica entre governo e negócios.

Ainda, algumas dessas organizações teriam relações próximas com empresas ou grupos de pessoas com os quais negociem. Atuarão como intrumentos de polarização de recursos conceituais e materiais, dividindo-os de acordo com critérios previamente negociados. Outras irão manter maior distância de produtores finais e de tomadores de capital, alocando recursos, à maneira dos empreendedores de capital de risco, destinando-os para os que oferecem melhor preço. Entre os extremos dos aludidos métodos, surgirão também metodologias intermediárias.

Regimes alternativos de propriedade privada e social irão gradualmente se desenvolver a partir de diferentes tipos de acordos e de negócios que serão entabulados por empresas e fundos. Cada um desses novos regimes irá decompor e recombinar o modelo tradicional de propriedade em diferentes modos. A exemplo de versões alternativas de coordenação estratégica, tais regimes também irão coexistir experimentalmente junto à mesma economia de mercado democratizado. Entre as alternativas, o direito de propriedade simplista e incondicional, que confere quase que poderes ditatoriais a seu titular, que pode ser um empreendedor que embarca em aventuras. Nesse momento, o programa de transição encontra-se com as propostas econômicas de *Necessidades falsas*.

A tentativa de democratizar a economia de mercado, mediante a renovação de suas formas institucionais, deve ser centrada em esforços para aumentar a parcela da renda nacional decorrente do trabalho, guardando semelhanças com alguns modelos, exceto os que identificam países de mais igualdade, embora sendo os mais ricos ou os mais pobres. Deve-se reforçar a determinação de impor o *capitalismo* aos *capitalistas*.

O movimento ascendente de retorno ao trabalho exige mecanismos que previnam e evitem que os benefícios sejam tomados exclusivamente por um grupo de trabalhadores relativamente seguros e privilegiados. Na utilização de tais ferramentas, controla-se e evita-se divisão entre privilegiados e destituídos de qualquer proteção.

As razões para que se aspire tal movimento são econômicas, morais e políticas. Do ponto de vista econômico pretende-se sustentar a tendência para que se tenha acesso à inovação tecnológica e à produtividade, ao mesmo tempo em que se pretende popularizar oportunidades de consumo, promovendo-se um mercado mais acessível. A justificativa moral e política baseia-se na multiplicação das chances de prosperidade modesta e de independência pessoal, afirmando-se à dignidade do trabalho e o valor da iniciativa.

Os instrumentos que impulsionam tal movimento são circunstanciais. Provavelmente se distinguem entre os níveis de hierarquia de rendimentos e de salários. São diferentes também geográfica e cronologicamente; dependem dos países e das oportunidades. Por exemplo, em grupos de níveis muito baixos de hierarquia salarial, pode ser necessária uma ênfase em engajamento em projetos de trabalhos comunitários financiados por recursos públicos, com componentes que promovam o desenvolvimento das habilidades do trabalhador. Pode-se exigir também o implemento de regimes que garantam segurança jurídica e valor econômico para as dotações, a exemplo da posse da terra, a ser garantida aos desprovidos de propriedade e de apoio para produção. Em níveis mais intermediários de hierarquia de salários, talvez a melhor ferramenta seja um regime de relação de trabalho juridicamente normatizado que incite a representação dos segmentos mais organizados ao lado dos grupos mais fragmentados e divididos, e conseqüentemente mais fragilizados. Em relação aos níveis mais altos de hierarquia salarial, a solução mais promissora parece ser a parceria e a participação nos lucros. Esse desenlace pode ser estendido para outros setores de trabalho assalariado.

Trata-se de dogma da economia conservadora a idéia de que o lucro no trabalho não pode exceder com sucesso a taxa de crescimento da produtividade. O aumento nominal dos salários pagos iria se dissolver e se perder na inflação. Tal dogma guarda equivalências em muitas de suas ilusões e implicações com a doutrina da saúde das finanças, tal como veiculada no início do século XX. Esse credo faz eco da velha crença marxista na convergência da taxa de sobrevalor entre as economias *capitalistas*. E se tal dogma continha certa verdade, não haveria como explicar as grandes diferenças entre os países no que toca a níveis comparativos de desenvolvimento econômico vinculados à parcela da renda nacional que se destina ao trabalho. Mesmo quando desprezamos o papel de diferentes fatores de dotações e de diferenças relativas aos recursos naturais, ainda permanecem brechas imensas. Os motivos determinantes de tais espaços radicam na política, que fala por meio das instituições que formata e estimula.

O cerne metodológico aponta-nos que a relação entre capital e trabalho, a exemplo da relação entre poupança e produção, é menos um fato natural sujeito a leis econômicas universais, do que um fato político moldado por arranjos e presunções institucionais contingentes. A tarefa da política transformadora consiste em dominar esse fado.

Se a valorização do trabalho é contrapartida à democratização do mercado, a imposição do *capitalismo* aos *capitalistas* é outra. Um aspecto deste comprometimento é a radicalização da competição e da meritocracia. Tal compromisso deve ser limitado por regras que preservem espaço para regimes de competição cooperativa, bem como para arranjos que garantam às pessoas um mínimo de segurança e de capacidade de apoio para a economia e para as dotações educacionais. Outro aspecto do compromisso de se impor o *capitalismo* aos *capitalistas* consiste no esforço em se assegurar a ascendência dos interesses dos produtores e trabalhadores em relação ao interesses dos especuladores. Essa ascendência deve ser qualificada apenas pela necessidade de se preservar a integridade e o vigor do ciclo de poupança e de investimentos produtivos.

Implícita nessas idéias programáticas, tanto as de transição quanto as centrais, encontra-se uma visão específica de crescimento econômico. Reduzida a seus elementos mais simples, tal perspectiva proporciona resposta à complexa questão relativa à indicação do que causa o crescimento econômico. A curto prazo, teríamos a relação entre taxa real de juros e oportunidades de ganho, aceitando-se aquela primeira como representante para o custo de se colocar em uso os fatores de produção. A longo prazo, trata-se do nível de conhecimento, traduzido em práticas e tecnologias, assim como também no alargamento da imaginação do possível, dos próximos passos, proporcionando o desenvolvimento do conhecimento.

Em termos médios, no entanto, o que causa o crescimento econômico é o nível de cooperação. Sabe-se algo a respeito do primeiro fator, referente à relação entre custo e oportunidade. Sabe-se inclusive um pouco no que toca ao já mencionado terceiro fator, relativo ao nível de conhecimento. No entanto, pouco se sabe, ou não se sabe nada, sobre o segundo fator, o nível de cooperação ou, antes, o que se imagina saber permanece enterrado, dissolvido em muitas disciplinas especializadas.

Sem cooperação, causas de longo e pequeno prazo não conseguem desenvolver os trabalhos que lhe são afetos. Instituições sociais, políticas e econômicas constituem a espinha dorsal do modelo cooperativo do presente projeto. Idéias, atitudes e ânimo materializam seu âmago. É nesse ambiente que as tradições britânica e norte-americana, dominantes em economia, mais claramente traem os limites impostos pela pobreza das imaginações institucionais mais relativas.

Os economistas freqüentemente representam práticas cooperativas como respostas aos erros do mercado. É que as pessoas agiriam em regime cooperativo quando tivessem falhado nas tentativas de comerciar. Assim, na visão desses economistas, os cooperados seriam comerciantes frustrados. O oposto parece estar um pouco mais próximo da verdade. O mercado é uma forma simplificada de cooperação entre estranhos. Uma economia de mercado floresce e se desenvolve em ambiente simpático a práticas cooperativas no qual exista mínimo de confiança. Mercados podem ser desnecessários na existência de altíssimo nível de confiança. Porém quando não há confiança alguma esses mercados não se formam, não se desenvolvem, não se realizam, não existem. Confiança e cooperação não se misturam com desigualdade extrema. A defesa de privilégios, o desenvolvimento de técnicas de controle de subordinados e a resistência desses últimos para com seus mestres ocupam um lugar que deveria ser tomado pelo cooperativismo experimental.

No centro dessa segunda condição de crescimento percebe-se relação paradoxal entre cooperação e inovação, de cujo alcance depende o progresso social e econômico. O problema é que embora a cooperação e a inovação sejam dependentes entre si, também há interferência mútua entre elas.

Para que surtam efeitos práticos, cada uma das inovações, sejam organizacionais, tecnológicas ou mesmo conceituais, carecem de ser traduzidas em atividades de trabalho que suscitem divisão. Toda nova tecnologia deve ser combinada com trabalho humano. Uma combinação antecipada e desejada já influencia de antemão o desenho de uma máquina engenhosa. Cada inovação pode ser desenvolvida em direções distintas, de acordo com o estilo de trabalho cooperativo no qual será realizada. Razões práticas devem se tornar trabalho comum e, em pormenorizado modelo de colaboração, verão reveladas suas possibilidades intrínsecas e limitações de desenvolvimento, até então ocultas. Deve-se trabalhar em conjunto, voluntariamente ou sob pressão, para que à inovação seja dada vida.

Todavia, a inovação tende a colocar em risco a cooperação. Ameaça perturbar a estrutura coletiva de expectativas e de direitos adquiridos já enraizados, em relação aos quais cada variante de modalidades cooperativas está arraigada.

Alguns participantes de formas presentes de cooperação provavelmente acreditarão que se encontram participando de um jogo, do qual sairão vitoriosos ou derrotados. Da perturbação surgirão conflitos, em forma de resistência ao novo, ou em forma de luta em torno da realização dos novos modelos. As lutas que acompanham o curso das inovações podem ameaçar e sobrecarregar o regime estabelecido de cooperação, sem nada apresentar, a título de substituição.

Todas as formas institucionalizadas de cooperação, entretanto, não são igualmente frágeis. Algumas são mais amistosas do que outras. São mais bem designadas para encorajar experimentos, colhendo inovação. Conferem a seus participantes segurança, garantindo-lhes a posse de salvaguardas básicas e o desfrute de capacidades de desenvolvimento. Estabelecem rotinas para negociar de que modo os benefícios e os ônus das mudanças serão divididos. Distribuem amplamente as benesses do sucesso e os custos do fracasso. Desembaraçam a cooperação de sistema de privilégios de grupos específicos, alargando a liberdade coletiva, realocando pessoas e recursos, de acordo com as urgências das circunstâncias.

Tal fato decorre de aplicação especial no campo econômico de verdade freqüentemente citada e estudada no presente trabalho. Refiro-me às ordens institucionais sociais que são distintas em suas respectivas possibilidades de desafio e de mudança. Diferem na extensão e na medida em que estão plasmadas justamente onde estão, como uma segunda natureza, herdeira de um destino social; ou ainda, por outro lado, encontram-se à espera de ser reimaginadas e refeitas.

A naturalização de tal contexto nega algo de fundamental a respeito de nós mesmos. Não aceita que haja sempre mais em nós individual e coletivamente, do que jamais poderia ter havido em nossos perfis em ordens pretéritas de sociedade e de cultura. Tal negativa ameaça nossos interesses no progresso prático e na emancipação individual. Insulta-se e suprime-se a grandeza, a memória do infinito, quiçá o maior ornamento da humanidade.

Parte do criticismo desenvolvido no presente trabalho para com os modelos institucionais vigentes reside na invectiva de que tais modelos fixam versão restrita, desnecessária e inaceitável, em relação à aproximação entre cooperação e inovação. O programa de transição aqui resumidamente identificado, assim como o projeto de fortalecimento da democracia que proponho, sugerem uma forma de se diminuir a interferência mútua entre inovação e cooperação, fortalecendo nossos poderes de criação e de produção.

Democracia energizada

O quarto elemento do programa de transição consiste em compromisso com democracia altamente energizada. Uma democracia que propicie maior expressão de energia popular e que estimule práticas reformistas distintas das que presentemente se processam nas democracias letárgicas da Europa ocidental e da América do Norte. Tal mudança de rumos poderia soçobrar o ônus que continua a nos pesar por conta do fato de que tomamos o que é mundano pelo que é sábio, resignação por paz, diminuição da crueldade por conquista de justiça.

A situação dos europeus nos proporciona um exemplo nítido de tal percepção. A Europa passou a primeira metade do século XX na matança e na guerra; durante a segunda metade do século passado os europeus caíram imersos na dor e na angústia. Eles deixaram-se dominar por burocratas e por políticos que ensinaram doutrina corrompida e envenenada que defendia que a política deveria ser pequena, mínima, para que os indivíduos pudessem se tornar grandes; e caíram todos na letargia. Se na primeira parte do presente século XXI os europeus não conseguirem acordar, provavelmente continuarão ricos. Porém, serão menos livres, menos iguais e bem menores.

Em tal mundo, acaba restrito à nossa imaginação o que potencialmente desafie a situação vigente. O mesmo se dá com o pensamento que procure transformar a sociedade. No entanto, a privatização do sublime, abraçada pelos apólogos dessa nova ordem, encontra limite em fato obstinado; é que todas as visões mais poderosas e os impulsos mais fortes buscam expressões em formas comuns de vida. A reconciliação desse imperativo de expressão pública e prática com a abertura, com a tolerância, com a diversidade, que tanto nos proporcionam bens morais e materiais; é uma tarefa, e não um perigo.

A maior reivindicação no que toca a aspectos políticos do argumento de *Necessidades Falsas* consiste em demonstrar que a organização dos governos e das políticas que prevaleceram após os desastres do século XX tem sido moldada por dois grupos distintos de arranjos e de idéias. Primeiramente, tenta-se manter a sociedade em um nível relativamente baixo de mobilização política. Em segundo lugar, associa-se o objetivo liberal de descentralizar e de diversificar o poder com o argumento conservador que insiste em dificultar mudanças estruturais.

Há vezes em que esse objetivo conservador é atingido diretamente. Refiro-me a certo preconceito para com a agilidade de medidas a serem tomadas, o que deliberadamente se faz com base no modelo madisoniano dos *freios e contrapesos* que caracteriza o relacionamento entre os três poderes na república presidencialista norte-americana. Há vezes ainda que tal objetivo conservador é logrado de modo indireto, decorrente do choque entre nós que claudicamos e uma paralisia engendrada por interesses organizados e poderosos. Nossa capacidade de agir decididamente em regime político aberto fica comprometida; passamos a capengar.

Tais arranjos conferem plausibilidade para uma idéia de política partidária. Zombando da mobilização popular e de disputas ideológicas, uma concepção desencantada de política vê seu trabalho como uma luta contra interesses poderosos, como se fosse a melhor maneira de resolver problemas políticos incompatíveis. Imagina-se a existência de questões que demandam soluções sóbrias e que respeitem as limitações de política e de factibilidade técnica. Embora se reconheça a existência de maioria relativamente desorganizada e não uniforme, acredita-se que se pode defender interesses dessa maioria mediante acordos com interesses especiais. Uma vez vencedora, tal concepção de política presta-se a fazer o papel de uma auréola realista para arranjos e práticas que a tornaram possível.

Os defensores desta percepção tímida e minimalista de política gabam-se de seu próprio realismo. Eles acreditam que descartaram as ilusões românticas de uma época pretérita, orgulhando-se de suas atitudes práticas. No entanto, o resultado dessa praticidade falsa e ilusória resulta no engessamento e na paralisação da política. Faltam soluções para os problemas básicos que a sociedade enfrenta.

A razão explicativa para este aparente paradoxo é muito simples. Os problemas fundamentais da sociedade, reconhecidos ou não, encontram-se emaranhados nessas formulações e nas idéias que representam e defendem. Não se resolvem tais problemas até que se reconheçam arranjos e modelos de há muito arraigados, revisando-se alguns de seus pontos e presunções mais resistentes. Não há necessidade de que sejam reorganizados completa ou imediatamente, o que, aliás, efetivamente não conseguiremos fazer. Porém, jamais encontraremos referenciais de ação se tratarmos a política como algo que não passe de um balanço de interesses, meramente devotados à busca de soluções discretas para problemas individualizados. Permanecemos presos aos limites de nossas circunstâncias para nos tornarmos verdadeiramente realistas. E desse cativeiro apenas uma calamidade pode nos libertar.

Para que alcancemos referenciais de ação devemos antes imaginá-los. Tem-se então, conseqüentemente, a necessidade de uma prática política transformadora, a ser informada por concepção de descontinuidade estrutural e de alternativas institucionais. Para que mudemos esses referenciais de ação, devemos, como democratas e como pessoas realistas, envolver uma grande quantidade de pessoas, despertando-as para as preocupações e atividades da política. De modo a perfilar uma força transformadora, mudando-se arranjos sociais e percepções ideológicas, a política deve viver algo como um aquecimento, um aumento de temperatura, identificando as instituições que consegue organizar, perpetuando esse modelo de intensidade. Para que as alterações a serem feitas nos referenciais de ação tenham durabilidade efetiva devem ser incorporadas reformas institucionais. A política deve ser energizada, para que se radicalize o experimentalismo democrático e para que se diminua a dependência na crença de que mudanças só se implementam em tempos de crise. Para se energizar a política, devem ser adotados arranjos e modelos que mantenham a sociedade em um alto nível de engajamento cívico, favorecendo-se uma solução rápida para impasses que surjam entre ramos do governo, a par de repetidas práticas de reformas estruturais.

Por conseqüência, um programa de transição deve incluir iniciativas desenhadas para levantar o nível de organização e de mobilização políticas. Aumentando-se a participação política popular por meio de campanhas de massa e de lideranças pessoais, de modo a se superarem entidades intermediárias, obter-se-ia como resultado um populismo personalista ou cesarista. Teríamos aquecido a temperatura da política. Porém, não conseguiríamos ampliar formas organizadas de liberdade para cercar e captar uma nova energia. Colocaríamos em perigo antigas liberdades. Mas não teríamos conseguido criar bases duradouras para liberdades ainda não vividas e nem pensadas.

Trata-se de presunção de uma ciência política conservadora, típica do ambiente universitário, no qual instituições e mobilização política relacionam-se em proporção inversa: quanto maior o perfil das instituições, menor a mobilização; e a recíproca é verdadeira. É verdade que as instituições políticas diferenciam-se efetivamente no que toca ao apoio que dão à participação popular. Da mesma maneira como, de um modo mais geral, as estruturas institucionais e as práticas discursivas variam quanto ao nível de flexibilidade e de abertura para uma revisão dos próprios propósitos.

Entre as iniciativas que iriam encorajar e favorecer a ampliação da participação política organizada nos desígnios das sociedades contemporâneas eu destaco: normas para o voto compulsório (sancionadas por multas e qualificadas por privilégios de abstenção), financiamento público de campanhas políticas, ampliação do livre acesso ao meios de comunicação em massa em favor de partidos políticos e de movimentos sociais organizados, além da diversificação das formas de propriedade social e cooperativa dos meios de comunicação. Um determinado sistema eleitoral, a exemplo de um modelo de representação proporcional limitado pelo desdobramento do sucesso eleitoral, pode atender ao objetivo de se aquecer a política, enquanto se aprofunde a organização de uma sociedade politizada, não importando se isso dependa das circunstâncias históricas de cada país.

A escolha de uma forma de governo é igualmente circunstancial. Deve-se rejeitar a idéia de que conceitos institucionais abstratos, a exemplo de regimes presidenciais ou parlamentares, compreendam uma essência que lhes seja inerente ou um efeito que lhes seria permanente. Pequenas alterações institucionais, que frustrem o alcance de tais conceitos, têm a capacidade de produzir conseqüências de grande alcance prático.

Deve-se iniciar com um leque limitado de esquemas constitucionais já existentes e inteligíveis. A partir deste ponto inicial há dois caminhos que conduzem a regimes constitucionais que aceleram o passo da política, anulando-se o preconceito para com reformas estruturais limitadas, porém reiteradas. Cada um desses caminhos representa um modo diferente no sentido de se realizar objetivo com feição liberal que pregue a descentralização, não obstante disfarçado sob a atitude conservadora de transcender as aporias da política com soluções e não com problemas.

Consiste um dos caminhos no desenvolvimento de regime semipresidencialista no qual o potencial plebiscitário combina-se com o antídoto para o defeito característico do regime presidencial clássico: sua inclinação para com a perpetuação do impasse e da indecisão, que campeiam em um governo dividido. Quanto maior o compromisso de reforma por parte do chefe do executivo, maior será também a chance de que ele enfrentará oposição decidida, efetiva e encastelada no poder legislativo.

A solução consiste em se equipar o sistema presidencialista com mecanismos que permitam soluções rápidas para os impasses naturais do entorno político. Uma fórmula adequada radica na utilização de plebiscitos e de referendos, qualificando-se elementos das democracias direta e representativa. Eleições também poderiam ser antecipadas, em âmbito de executivo e de legislativo, com previsão de que haveria por parte desses poderes competência para adiantar e fixar datas para as referidas eleições. Seria possível, assim, reverter-se a lógica do sistema presidencialista, acelerando e aquecendo a movimentação em torno da política.

O resultado seria aferível no assentamento de um regime constitucional que lembre a quinta república francesa. Entretanto, em vez de alternativas que oscilam entre sincronia decisional, marcada pela coincidência entre as maiorias que apóiam o executivo e o parlamento, e seu oposto, quando se dá apenas uma coexistência tolerada entre maiorias, assumir-se-ia a primeira opção como mais adequada.

Um caminho alternativo para a oxigenação da vida política seria mais conveniente para aqueles países nos quais um sistema partidário forte já apresenta alternativas significativas para o eleitorado. Fortaleceria-se o potencial de iniciativa decisória que caracteriza regimes parlamentaristas mais puros. Poder-se-ia combinar tal modelo com práticas delineadas para elevar o nível de mobilização e de sustentação política. Poderíamos também garantir o fortalecimento mútuo entre experimentalismo político e iniciativas independentes de governos locais, garantindo-se espaço para ambas as perspectivas. Como conseqüência, poderíamos dar início às transformações nos arranjos constitucionais presentes, reformando-se os contextos nos quais eles operam.

O aprofundamento da democracia representativa tem uma direção. Trata-se do desenvolvimento de ambiente político que multiplica os modos de participação direta na tomada de decisões pertinentes a contextos em relação aos quais se vive e para os quais se trabalha. Na medida em que fomentamos a democracia, também restringimos, embora timidamente, a distância que nos separa da direção dos negócios públicos.

O horizonte para o qual devemos nos dirigir é parcialmente capturado pela idéia que conecta e combina as democracias representativa e direta. Objetiva-se também dar um fim ao estranhamento das idéias republicanas em relação ao cotidiano, o que se verifica há muito tempo. Não deveríamos tentar anular esse estranhamento, como muitos têm proposto, caindo no encanto de ideal cívico de virtude abnegada, pobre e desumana, como querem os êmulos de imaginárias Romas e Espartas. Pelo contrário, devemos nos apoderar de possibilidades emergentes que são apresentadas por novas formas de aprendizado coletivo, desenvolvidas em ambiente empresarial e escolar, de inovação permanente, apoiando-as e propagando-as, mediante a divulgação de seus maiores sucessos. Na extensão de nosso avanço proporcionamos uma vida prática mais segura para a democracia, que podemos transformar em incitação para o desenvolvimento de nossos poderes concretos. A democratização da economia de mercado e o aprofundamento da democracia reforçam-se mutuamente, protagonizam certa interseção, uma justaposição, trabalhando conjuntamente para a reconstituição da sociedade.

Há cinco movimentos característicos que definem essa prática experimental de coordenação ampla. O primeiro deles indica que devemos realmente mudar situações e circunstâncias pessoais. Pausadamente, contribuindo para a formação de ambiente propício à ação coletiva. O segundo movimento propõe a revisão de definições de tarefas e de planos de trabalho, bem como das respectivas implementações à luz de oportunidades emergentes. O terceiro movimento consiste na negociação e na definição de objetivos comuns, além da implicação desses em relação a interesses e identidades de grupo, como incidente comum no trabalho conjunto, ao invés de mera identificação como produto e símbolo de crise. O quarto movimento implica na dialética entre rotina e repetição como princípio de economia de esforço (delegado sempre que possível às máquinas) e a produção de inovações dentro do que for economicamente factível. O quinto movimento reside na recusa em privilegiar determinados colaboradores em regime particular, em detrimento da relação entre cooperação e competição, a par da disposição em combinar tais regimes, promovendo-se a colaboração e a troca de arranjos institucionais.

Conjuntamente, esses cinco passos proporcionam o efetivo funcionamento do pragmatismo radical. Permite-se que a democracia e o experimentalismo possam impregnar mais concretamente a vida prática, na promessa de dar fim ao estranhamento que a política provoca.

A auto-organização da sociedade civil

A intensificação do engajamento cívico e o anúncio de medidas constitucionais favoráveis à rápida resolução de impasses da vida política não são suficientes. Seus efeitos são mínimos. Não se consegue mudar a sociedade se ela permanecer desorganizada. Também não se consegue alterar a vida social se a sociedade permanecer organizada em bases desiguais.

Organização é poder.

Uma sociedade desorganizada vê-se impedida de formular alternativas ou de agir em relação a essas perspectivas. Uma sociedade organizada desigualmente fica à mercê de grupos egoístas que disputam espaço entre si. A política degenera-se facilmente na prática de barganhas entre esses grupos, que não plasmam resultados profícuos. Dois males distintos caracterizam o referido modelo: o sacrifício de interesses de uma maioria desorganizada e o engessamento das decisões, causado pela prática de vetos múltiplos.

Em muitos países o desenvolvimento de uma economia de auxílio mútuo, junto a um sistema produtivo elaborado oferecem a mais adequada e imediata oportunidade para se generalizar uma organização independente de sociedade civil, enquanto conjuntamente é enfrentada a tormentosa relação entre trabalho produtivo e solidariedade social.

Para que se entenda tanto o problema quanto a oportunidade que dele decorre, considere-se uma fotografia radicalmente simplificada das mais ricas e igualitárias democracias da Europa dos dias de hoje. Imagine-se que a economia referida tenha três setores: uma economia que eu chamaria de nova (conhecimento intensivo, empresas flexíveis), uma economia clássica (produção industrial em massa, luta pelo domínio de novos estilos de trabalho, de produção e de inovação, como resposta à competição de nível internacional) e uma economia de auxílio mútuo. Por esse último modelo eu identifico uma economia calcada em atividades por meio das quais as pessoas se auxiliem e se cuidem em ambiente exógeno ao grupo familiar. Por exemplo, eu me refiro aos hospitais-dia, aos asilos, às casas de repouso, aos sanatórios.

Essa economia de auxílio-mútuo ganha dimensão na medida exata do envelhecimento da população, da crise da família tradicional, da pressão governamental decorrente da falta de empregos e da dificuldade em proporcionar postos de trabalho para mão-de-obra que não consegue empregar-se ou que não logre encontrar ocupação nos modelos econômicos tradicionais ou mais inovadores. O poder público extrai recursos com mais intensidade dos setores mais criativos da economia, o que não consegue fazer em setores mais tradicionais. Tenta-se dar apoio às economias mais inovadoras, assim como pretende-se pagar para que a economia de auxílio mútuo se desenvolva, como acima definida.

Surge um problema financeiro, vinculado ao pesado ônus que sobrecarrega o poderoso, porém limitado, motor que proporciona o crescimento econômico. Verifica-se também um problema moral, decorrente do enfraquecimento dos laços sociais sob as novas condições de trabalho.

No velho mundo da produção em massa havia generalistas (gerentes e burocratas de alto nível) e especialistas (representados pelos trabalhadores em geral). Generalistas precisavam de especialistas e a recíproca era verdadeira. Ambos estavam profundamente interligados, conheciam-se mutuamente. A nova economia, entretanto, é dominada por generalistas, que tudo possuem. No limite, não há mais especialistas, apenas generalistas, ou ainda especialistas que lutam para se tornar generalistas.

Conseqüentemente, os habitantes de mundos de economias tão distintas não se encontram mais. Trabalhadores de ordens tão diversas desconhecem-se mutuamente. Tornam-se estranhos, conectados tão-somente por operações de tributação e de transferência de recursos, implementadas pelos governos e governantes que temos. Trata-se de base social muito tímida para gerar solidariedade entre as pessoas.

Um ideal último de coesão social, assim como também da vida moral, não se concentra no altruísmo. Por altruísmo eu identifico essa disposição em limitar o interesse pessoal, provido ou não da capacidade de imaginar-se uma outra pessoa. Esse referido ideal último pode se consubstanciar no amor, isto é, na capacidade de imaginar e de aceitar o outro, aumentando com hesitação o muro de defesa por meio do qual tentamos nos proteger desse mesmo amor.

Se o mundo fosse fadado ao sucesso da reforma dele mesmo, feita à imagem de um modelo de organização de economia e de sociedade que hoje em dia mais se admira, a democracia social européia, ele deveria proporcionar a nós uma parcela bem maior desse mesmo sucesso. E mesmo se falhasse, ou se escolhesse outros rumos e caminhos, como pretendo que assim seja, deveria nos proporcionar maior leque de problemas e probabilidades dos que os que são exemplificados pela situação corrente.

A solução para problemas práticos e espirituais causados pelo estranhamento recíproco dos três setores da economia vem em duas partes. Uma parte da solução consiste na ampliação da base social com acesso à nova economia, enquanto tenta atenuar a divisão que se verifica entre as economias clássicas e contemporâneas, da forma como descrevi. Trata-se de tarefa que exige para sua execução o desenvolvimento de ampla gama de formas de coordenação descentralizada entre o governo e os negócios, entre o público e o privado. Um dos objetivos de tais formulações seria a difusão de práticas mais adequadas de aprendizado coletivo e de coordenação aberta. Outra fração da solução encontra-se no desenvolvimento e na reforma da referida economia de auxílio mútuo.

A organização prática e concreta das atividades por intermédio das quais nos cuidamos mutuamente, projetada para além dos limites estreitos do amor e da lealdade que tendem a plasmar o ambiente familiar, pode prestar-se, a propósito das condições hoje encontradas em muitos países, como poderoso instrumento de sustentação de um modelo mais eficiente de auto-organização da sociedade civil. Este instrumento, no entanto, pode mostrar-se insuficiente. Ele deve ser suplementado e escorado pela renovação de regras jurídicas que referenciem a organização da sociedade civil.

Deve-se recusar a se aceitar formas contratuais contemporâneas, tal como enunciadas e previstas no direito privado. Essas formas simplesmente não subsumem uma linguagem natural única, capaz de expressar todas as percepções sociais de vida e de organização societária. O vocabulário do direito privado presta-se a evidenciar modelo truncado de livre associação. Partidos políticos, clubes, fundações, igrejas, enfim, associações que detém a capacidade de veicular mensagens sociais, carecem de sentido realista e de postura mais identificada com problemas concretos. Sindicatos e empresas acabam por implementar tal missão.

Há dois caminhos para um modelo organizacional social que seja mais inclusivo. Ambos passam por um robustecimento do direito privado e por uma mitigação do direito público. Eles não se excluem. Eles se complementam e convergem para um mesmo fim.

Fortalece-se o direito privado mediante a manutenção de seu repertório atual, alterando o seu significado. Essa modificação faz-se pela ampliação de opções normativas referentes a modelos de auto-organização social. Exemplifico, indicando, com base no direito norte-americano, a possibilidade de cogitar a reserva de uma parcela de isenção fiscal em favor de doações de caridade, por parte de trustes sociais independentes, cujos administradores representem pessoas de todas as classes sociais. Organizações sociais poderiam fazer aplicações com base nesse modelo, beneficiando-se de isenções tributárias, proporcionando recursos para subvenções, a exemplo do que hoje se faz com fundações privadas, no direito norte-americano, bem entendido. Obter-se-ia a expansão da base de recursos para o fomento de trabalho voluntário.

Mitiga-se o direito público por conta de legislação específica que contemple a sociedade civil, em ambiente exógeno à atuação governamental. Essa legislação possibilitaria a organização da sociedade civil independentemente de qualquer tutoria e paternalismo, por parte do Estado.

Exemplifica-se com os sindicatos. Pode-se retirar do regime contratualista o princípio que dá os contornos à completa independência dos sindicatos em relação ao poder público. Pode-se também alterar o modelo sindical corporativista que prevê a imediata filiação de todos os trabalhadores, e eu me refiro ao direito laboral norte-americano. Distintos movimentos sindicais, associados ou não a partidos políticos, poderiam competir por espaço nesse modelo pluralista, do mesmo modo como os partidos políticos disputam votos em governos unitários ou federativos.

Poder-se-ia garantir a liberdade para com os governos, por meio do pluralismo dos movimentos sindicais. Tal liberdade seria combinada, entretanto, com um poderoso contrapeso à divisão e à segmentação do movimento laboral. A dinâmica de tal sistema conduz-nos para uma maior solidariedade salarial a ser disseminada entre diferentes tipos e grupos de trabalhadores.

Favorece-se uma maior capacidade de trabalho organizado para se lidar com um contexto institucional mais amplo, influenciando a proporção da renda nacional a ser destinada aos salários em geral, bem como ao fortalecimento dos trabalhadores junto às empresas nas quais prestam serviços.

Pode-se também dar alguma expressão concreta a um princípio que facilite a organização da sociedade civil, sob as regras de direito público, a ser moldada fora do Estado. Como exemplo, indico a formação de associações de moradores, organizadas paralelamente ao Estado, colaborando no implemento de políticas locais. Alternativamente, pode-se imputar a tal idéia uma expressão funcional, a exemplo da organização de grupos de pais e de pacientes, no que toca à educação e à assistência médica.

Não obstante o modelo de estrutura pública não governamental a ser desenvolvido, deve-se garantir ao interessado o direito de escolha. Deve-se outorgar o poder de se criar uma estrutura alternativa e voluntária, formatada normativamente por regras livremente escolhidas e especificamente concebidas. O direito de escolha, como aqui indicado, suscita que essas associações colaborem no programa de relativização do direito público.

O projeto de organização da sociedade civil não se realiza sem a garantia do direito de opção e de escolha, no que toca às associações que serão desenvolvidas. Não se desenvolve um programa superliberal, sacrificando-se a idéias liberais fossilizadas e a programas institucionais que identificam o liberalismo de tempos mais recentes.

O direito de escolha não pode ser discricionário, e se o for, configurará abuso. Não pode ser exercido por grupos que não se encontrem mutuamente vinculados a circunstâncias relativamente eqüitativas. E também não podem se prestar a propiciarem nichos de subjugados e de excluídos. Tal direito deve representar uma experiência de liberdade. Não pode significar a redescoberta de práticas despóticas sob o disfarce de idéias liberais.

O programa de transição não se define como radical e nem como moderado. Representa um primeiro passo em direção ao que se infere como um caminho de reformas cumulativas de arranjos institucionais que hoje vingam em países que se mostram como modelos para o resto da humanidade. Faz-se um avanço no projeto de fortalecimento da democracia, rumo a um modelo profundo de reconstrução e de reformulação institucional.

Quais seriam os agentes de tal programa de transição? O que os impulsionaria? Uma percepção pertinente à relação entre interesses e interessados, entre objetivos e agentes, diretamente vinculada a uma teoria social antideterminista, encontra sugestão de resposta no início deste livro.

A política permanece como fenômeno superficial na teoria marxista, especialmente quando são invocados requisitos mais drásticos para o desenvolvimento de forças produtivas. Quanto mais intensa se torna a luta de classes, e quanto mais ela dura, com mais claridade podem se reconhecer os objetivos que informam os interesses dessas classes em disputa. Sonhos utópicos e ideologias apologéticas tombam como vítimas das realidades reveladas por essa guerra travada no seio da sociedade.

Cada classe é identificada por interesse matizado pela posição que ocupa nas relações institucionais que definem determinado modo de produção. Tais interesses se transformam somente quando o desenvolvimento das forças produtivas torna possível a introdução de um novo conjunto de relações institucionais. Assim, uma classe relativamente oprimida torna-se a propulsora e a maior beneficiária de uma nova ordem.

A teoria social que defendo subverte completamente essa visão de classe e de mudanças estruturais. Interesses de classe tornam-se mais ambíguos por conta da controvérsia e do conflito conceitual em torno dos termos básicos relativos à vida social, ampliando-se o horizonte e aprofundando-se a intensidade no âmbito dos quais desenvolve-se o programa que apresento. Refletem-se a pluralidade e a incerteza do futuro da sociedade no entendimento presente que se faz dos interesses sociais. Perdem a clareza ilusória questões como *quem sou eu*, ou *quais são os interesses que me guiam como membro de tal ou qual grupo*. Emergem problemas referentes a perguntas como *que caminhos alternativos há para a reconstrução?*, ou *como meu entendimento relativo a meus interesses e identidades influencia esses interesses e essas identidades?* Há para essas questões supervenientes tantas respostas quanto há direções alternativas que orientam a reforma que imagino. Somos forçados a abandonar nossa confiança infundada na clareza da distinção entre o real e o possível.

Sempre há meios alternativos e plausíveis para definir e defender um grupo ou um interesse de classe. Algumas estratégicas apresentam-se como socialmente excludentes e institucionalmente conservadoras. Identificam interesses vinculados à defesa de um grupelho já existente na divisão social do trabalho, plasmando como rivais a serem derrotados os grupos mais próximos ou imediatamente inferiores. Tais estratégias tomam como exemplo o conjunto institucional existente, reproduzindo-o e reforçando-o.

Outras abordagens relativas à definição e à defesa de grupo ou de interesse de classe são socialmente solidárias e institucionalmente transformadoras. Vêem os grupos mais próximos como os melhores aliados e pretendem atingir os mesmos objetivos mediante a alteração parcial da ordem social presente. A prática de uma reforma revolucionária, informada por sólida imaginação programática, não pode perder sua grande oportunidade, que se apresenta mediante a percepção dessas ambigüidades na compreensão avançada de interesses de grupo.

Tal perspectiva não admite que se definam agentes privilegiados e precursores, a exemplo da propalada relação entre burguesia e capitalismo, entre proletariado e socialismo. Não se aceita concepção que admita que a luta cega por interesses de uma determinada classe possa proporcionar benefícios para a humanidade. Entretanto, há, e deve haver, grupos que possam começar a reinterpretar suas próprias identidades, interesses e ideais, à luz de um sentido mais amplo de possibilidades coletivas.

O programa de transição que resumi depende de uma aliança a ser firmada entre as três classes sociais que protagonizam os papéis mais importantes nas sociedades contemporâneas. Refiro-me a uma classe economicamente menos abastada, geralmente estigmatizada do ponto de vista racial, formada por pessoas a quem se imputa uma cidadania de segunda classe. Menciono também uma classe que nos Estados Unidos da América é chamada de *classe média*, formada tanto por profissionais um pouco mais sofisticados (*white-collar*) como por trabalhadores que desenvolvem atividades mais comuns (*blue-collar*). Por fim, aponto também um grupo de profissionais detentores de conhecimento altamente sofisticado, que ocupa postos em setores mais avançados da indústria. Para que se implemente tal aliança, deve-se propiciar a intervenção e a intersecção de conexões políticas e de idéias programáticas, para que se transcenda a ambigüidade de interesses rumo a um caminho de transformação solidária.

O grupo social de menor poder econômico deve reconhecer, por meio de seus líderes, que não consegue fugir de um destino que lhe é imposto, sem que se faça uma reforma econômica que democratize as oportunidades, em vez de distribuir compensações para desempregados, deslocados e perdedores. Tal grupo deve também tomar consciência de que não consegue gerenciar e alcançar reformas sem que lute para reorientar e reorganizar as políticas nacionais.

Parcela da classe trabalhadora, justamente aquela que desenvolve trabalhos manuais, deve transitar para um patamar bem mais alto e bem mais distante, daquele que agora alberga a estreita defesa de seus poucos privilégios, aceitando que, nesse mundo novo de trabalho que se descortina, fronteiras entre a segurança e a insegurança tornaram-se muito menos estáveis. Há a necessidade de rebeldia contra a redução desse segmento de trabalhadores a um mero grupo que reclama dos próprios problemas, tanto para uma percepção geral, como para a noção que esse grupo faz de si mesmo. A defesa de interesses corporativos e de propostas mais limitadas deve ceder a uma tentativa de encontrar novas bases para uma colaboração fática e para um caminho libertador. Sob tais bases irá simplesmente perder sentido a vetusta diferença entre classe trabalhadora organizada e classe de microempresários independentes.

Teríamos uma sociedade caracterizada por grupos que trabalhariam em regimes que ocupariam espaços intermediários entre modelos decorrentes de transações que se esgotariam em negócio único e corporações que perfilariam duração mais prolongada. Tal forma de organização econômica, resultado direto e natural da democratização da economia de mercado, lembra-nos a idéia de modelos produtivos de pequena escala, típicos de sociedades de pequenos produtores independentes, que enfatizam a síntese cooperativa ao invés da mera posse de bens.

Entretanto, essa circunstância é distinta do ideal do século XIX, na medida em que se abandona essa velha fixação conceitual, por conta de modelos de isoladas e pequenas propriedades, como instrumento para a realização de tais objetivos. Também há uma distinção em relação ao reconhecimento desse regime de independência cooperativa no que toca à reinvenção das relações que se travam entre os governos e as empresas privadas. Exige-se uma parceria descentralizada entre ação pública e empresa privada, escapando-se da necessidade de se escolher entre um governo timidamente regulador e um governo que seja estrategista portentoso da indústria e do comércio.

Mediante a libertação tecnológica em relação ao trabalho penoso e a rotina, um maior número de pessoas dedicará maior parcela de tempo para o cuidado mútuo, particularmente no que toca ao cuidado com jovens e com mais velhos. Em vez de se conceber tal responsabilidade como tarefa específica de um grupo de trabalhadores especializados, deve-se pensá-la como missão de cada um de nós. Trata-se de objetivo que todos nós podemos melhor atingir, mediante o desenvolvimento de economia de auxílio mútuo, sustentada por parcerias desenvolvidas entre governos e grupos comunitários. Pode-se alcançar a realidade de tal plano mediante serviços sociais voluntários ou mesmo eventualmente compulsórios.

A classe profissional de homens de negócios, gerentes e homens públicos pode encontrar em tal espaço uma maior oportunidade para combinar ganhos com aventuras. Os sucessos seriam bem maiores do que poderiam obter em uma economia ainda organizada em bases de grandes empresas, marcadas pelas respectivas hierarquias e pelas cabalas inevitáveis. Esses mesmos atores sociais também poderiam começar a experimentar uma maior liberdade de movimentos, transitando entre o trabalho profissional e o cuidado com outras pessoas, formatando-se uma distinção muito menos rígida entre trabalho e diversão, entre obrigação e lazer.

O que, se não os sofrimentos decorrentes da guerra e das ruínas, poderia determinar que as pessoas buscassem esses novos caminhos? Porém, admito que os resultados decorrentes da obtenção de mais oportunidades econômicas e educacionais para um maior número de pessoas, não seria certamente o suficiente. Comparando-se o nosso presente cheio de erros com um futuro incerto, afirmo que os riscos da incerteza parecerão quase sempre mais temerosos do que o ônus de uma ordem estável.

Duas forças auxiliam minha linha de raciocínio, perfilando também parcela inevitável de um trabalho indesejável de enfrentamento a calamidades, abrindo-se o caminho para a consecução de uma alternativa progressista. Uma delas permite que se esclareçam as ilusões que formam as necessidades falsas. Devemos ensinar a nós mesmos como falar os nossos *sins*, os nossos monossílabos de aquiescência, as nossas concordâncias com o estado atual das coisas. O sentido de alternativas desapareceu das formas como nós o conhecemos, dentro de um contraste entre categorias abstratas de capitalismo e de socialismo, geralmente falsas e presentemente comprovadas como vazias. Devemos recriar alternativas a partir dos mais simples elementos de que dispomos. Deve-se mostrar como as pequenas variações que o mundo real apresenta podem servir como pontos de partida para o desenvolvimento de diferenças mais intensas. Com vistas a tal conquista, deve-se transformar disciplinas sociais, como a filosofia do direito e a economia política, em práticas de imaginação institucional.

Uma segunda força deve iluminar as bases que apóiam tal projeto. Trata-se de uma rebeldia para com a diminuição do substrato humano, assim como para com todas as formas de injustiça. Tal alternativa não triunfará, a menos que seja compreendida e experimentada como um incidente elementar no renascimento espiritual da humanidade.

Conseqüentemente, a profecia deve aliar-se às forças decorrentes dos cálculos. Os defensores dessa alternativa progressista devem falar em várias línguas, alcançando um maior número possível de destinatários. Deve-se continuar apelando para a presente compreensão que as pessoas têm a respeito de suas identidades, interesses e ideais. Entretanto, deve-se também programar um mundo transformado, no qual uma humanidade comum, oxigenada em seus poderes e fortalecida em suas ambições, possa descobrir que não é tão simples, tão comum e tão ordinária, como em princípio poderia supor.

O que mais interessa é o conteúdo da profecia e não suas inúmeras e surpreendentes formas. Trata-se de visão referente à energização de vidas ordinárias de homens e mulheres comuns. Trata-se do fortalecimento dessas pessoas, possibilitando uma magnanimidade que depende tão-somente do engrandecimento de nossas vidas. Evidencia-se a superação do contraste até então existente entre o sonambulismo que informa a maior parte das nossas vidas e os momentos excepcionais que também vivemos, e que são marcados por um perene estado de alerta e de engajamento. Promete-se intensidade sem guerra e zelo sem ilusão. Exige-se uma mudança na própria atitude, centrada no coração; algo que não pode ser o resultado de mera intervenção de âmbito político. Antes que se fortaleçam nossos poderes, tal mudança deve também fomentar as nossas expectativas.

O contexto espiritual no qual ganha ascendência a democracia e o experimentalismo é marcado por uma idéia que foi primeira e poderosamente expressada nas religiões soteriológicas do oriente próximo, a exemplo do judaísmo, do cristianismo e do islamismo. Afirmando-se a originalidade radical e a força potencial de cada indivíduo, a realidade que distingue fenômenos e pessoas, assim como caracteres dramáticos, singulares e irreversíveis de tempos biográficos e históricos, torna as vidas humanas um cenário para julgamento e revelação.

A profecia do experimentalismo democrático consiste na afirmação de que podemos dar a essa idéia uma expressão que seja mais real, simplesmente porque é indiscutivelmente mais social. As pessoas descritas pelas religiões salvacionistas não existem concretamente. Porém, a nós há a possibilidade de nos transformarmos em tais pessoas, se compreendermos corretamente as ligações que vinculam transformações individuais e coletivas.

A democracia fortalecida, que surge a partir do programa de transição que acabei de resumir e que nos conduz aos arranjos e experimentos mais profundamente explorados ao longo do presente livro, não consiste no único caminho factível que o aprofundamento da democracia pode eventualmente tomar. Há outros. Pelo reconhecimento da existência dessas alternativas, enfatiza-se o caráter distintivo de uma democracia realmente fortalecida. Não é menos crível, nem menos possível do que a escolha pela ação em prol de uma religião que se agita contra o destino. Trata-se de algo previamente determinado no sentido de que se promova uma percepção de valores humanos e de possibilidades que não admitem reconciliação com propostas atinentes aos sentidos do que poderia ser a vida em sociedade.

Tal visão valoriza a adjetivação do catolicismo, no que toca à sua abertura para o possível. Recusa-se compreender inadequadamente tal adjetivação, tomando-a por ilusória ou por uma idolatria de referenciais de neutralidade. Nenhum conjunto institucional pode ser neutro, sobremodo quando convive com concepções e possibilidades de experimentação. A abertura para a diversidade de experiências, e para as múltiplas oportunidades para correção de desvios é, todavia, uma das mais importantes medidas que nos permite julgar adequadamente o mundo social. Eu me refiro a um bem indispensável e concreto, que é ameaçado pela superficialidade que uma neutralidade falsa pode nos insinuar.

Uma democracia altamente energizada pelo argumento programático do presente livro imagina o palco de luta como um grande teatro de nações-estado que se pulverizam no mundo. Percebem-se experimentos sociais de muita amplitude, convergentes ao desenvolvimento das mais variadas formas de vida, assim como para experiências de existências individuais e de atividades grupais. Recusa-se a se tratar o ambiente de nações-estados como turvo e como um pano de fundo de baixíssima energia, concebido para assegurar condições propiciadoras à criação do novo por meio de iniciativas particulares e associativas.

Como todo programa de reconstrução, o presente que desenho é acompanhado por seus riscos próprios e característicos. O programa se desenvolve e se define pela própria maneira como se gerencia.

Há um risco inevitável que radica no fato de que o fortalecimento da democracia pode falhar no sentido de economizar em virtudes políticas, subtraindo energia de seus objetivos particulares, referentes a famílias e carreiras que preocupam os indivíduos, componentes de ampla sociedade cujas disputas e experimentos pretende-se intensificar. Para que se substituam interesses pulverizados em interesses particulares, acenamos para todos os cantos e nichos da vida, por meio de uma devoção absoluta à vida pública, atitude impossível e muitas vezes indesejável.

Não é possível porque nenhum reordenamento institucional da vida social pode nos modificar radical e subitamente. Pode-se apenas impulsionar o desenvolvimento de nossos próprios poderes. E não é desejável, porque as várias e contraditórias faces de nossas preocupações, assim como o hiato entre pequenos e grandes espaços de combate político, formam os elementos fáticos e insubstituíveis que informam a condição humana. E na medida em que aderimos a essas preocupações, passamos a viver simultaneamente experiências distintas que reformulam o próprio conceito de tempo.

Também unimos, sob o pálio de ideal mais includente, percepções e emoções que habitualmente associamos a homens e a mulheres da vida real.

Outro risco inevitável que o presente programa deve enfrentar centra-se na dialética entre proteções individuais e disfunções decorrentes da energização do entorno político. Em vez de repudiar compromissos liberais, a democracia fortalecida os estende. Repudia-se o antiliberalismo e defende-se intransigentemente o que eu denomino superliberalismo. Tudo depende do conjunto de poderes e proteções que instrumentalizam o indivíduo para que possa prosperar com segurança no meio da elevação das expectativas de inovação. As regras que definem os referidos poderes e proteções devem ser inscritas em agenda política de curto prazo.

Para que uma democracia fortalecida possa realmente funcionar, a serviço do implemento da segurança e da capacidade do ser humano, assim como da energização de inovações coletivas, devem se completar mutuamente todos esses valores acima descritos. Entretanto, isso muitas vezes não acontece. Nenhum movimento perene da política, e nenhuma aderência sacrossanta à aceitação de direitos naturais pode prevenir a possibilidade de que iniciativas criativas possam enfraquecer as salvaguardas vitais que decorrem das dotações institucionais que o programa defende. Não há uma definição incontroversa ou mesmo permanente, a respeito do panorama desses poderes e direitos fundamentais, assim como não há também nenhum plano teórico em que se possa defini-los, além da aceitação intrínseca de mediações da democracia e da política.

Avançando-se por esse caminho, joga-se com o fato de que a formação de indivíduos mais fortes, no ambiente de democracia fortalecida, poderia colaborar na construção de uma muralha que resista a tal retrocesso. Eu afirmo que tal jogo é razoável. Porém, não passa de um jogo, cujo resultado é refém dos recônditos desejos da vontade.

Os dois maiores riscos que afetam ao programa do fortalecimento da democracia estão conectados. Suponhamos que a integridade dessas instituições dependa de nível insustentável de participação cívica. A derrota em alcançar tamanha medida de participação popular e de vigilância cívica, além do desencanto para com a política, propiciam que as forças que temporariamente detêm o poder tornem-se elas mesmas vantagens transitórias de seus defensores, que formulam tais circunstâncias como se fossem direitos adquiridos. Conseqüentemente, a sobretaxação da energia política pode organizar o palco que vivenciará o enfraquecimento das salvaguardas individuais.

O fortalecimento da democracia pode avançar em duas outras direções, tomando-se como ponto de partida os mesmos materiais ideológicos e institucionais que instrumentalizam os arquitetos de tal programa. Esses caminhos são explorados de maneira vertical em outro de meus livros, *O direito e o futuro da democracia**. Tal programa focaliza o ponto central de inovação, a propósito do que indivíduos equipados e inspirados podem fazer com suas próprias vidas. Trata-se de uma versão radical e individualista da democracia social. O outro programa vê as comunidades como cena principal da ação, depois de definir tais comunidades como detentoras de preocupação e de comprometimento em relação a problemas comuns, e não como mero grupo que compartilha referenciais genealógicos. Trata-se de liberalismo comunitário, de poliarquia radical.

Ambas alternativas reduzem o papel das políticas nacionais e supranacionais. As inovações mais importantes dar-se-iam em outros lugares. A política nacional seria fria, o que na verdade promove o esquentamento de experimentalismos individuais e grupais. Ou ainda, trocando-se de metáfora, a política, compreendida enquanto disputa relativa a domínio e usos dos poderes governamentais, tornar-se-ia pequena, fraca, mitigada, proporcionando-se que indivíduos e comunidades tornem-se maiores e mais fortes.

O fortalecimento do indivíduo, na primeira dessas duas direções alternativas, ganharia espaço mediante o fortalecimento dos recursos econômicos e educacionais que estejam sobre o seu comando. Também resultaria do enfraquecimento dessas forças, quando da transmissão de vantagens educacionais e econômicas, por circunstâncias meramente familiares, que acabam restringindo os triunfos da meritocracia, reproduzindo e potencializando odiosas divisões de classe.

Uma iniciativa característica de tal programa reside na qualificada e progressiva redistribuição de bens, que formaria uma dotação social a ser utilizada no benefício de cada um dos indivíduos. Trata-se de um modelo, como muitos outros, que a democracia social amplificada iria compartilhar com o programa desenvolvido e defendido no presente livro. Uma outra iniciativa consistiria na ampliação das oportunidades educacionais. Eu me refiro à educação primária, devotada ao desenvolvimento de conceitos centrais e de habilidades práticas. Eu também me refiro a uma educação permanente concebida para substancializar habilidades a serem desenvolvidas na luta contra a insegurança e nos lucros a serem obtidos em decorrência de um constante processo de inovação. A redistribuição entre classes e unidades territoriais deve avançar tanto quanto seja necessário para que se garantam investimentos educacionais.

---

* São Paulo, Boitempo, 2004.

NECESSIDADES FALSAS

Entre as medidas necessárias para a sustentação de tal modelo, deve-se restringir radicalmente a transmissão hereditária da propriedade. Deve-se garantir, por outro lado, a gradual expansão do direito de trabalhar além das fronteiras nacionais. Sem tal direito, e a despeito de seus riscos práticos, o crescimento do indivíduo, decorrente da promessa feita pela democracia social radical, permanecerá incompleto. A liberdade e o poder dos indivíduos não é concretamente real, a menos que o indivíduo possa fugir de seu próprio país e viver em uma sociedade fundamentada em diferentes princípios e incrementada sobre diferentes arranjos, e a menos que o mundo continue a perceber a abundância de possibilidades de vida social e que as pessoas possam buscar tais possibilidades, além dos oceanos e continentes nos quais se confinam.

Tal programa de reconstrução social enfrenta duas dificuldades que reputo centrais. São enigmas da ordem social que, de maneira fragmentária e comprometida, já existem em partes do mundo que se identificam como as mais ricas e as que propiciam um maior nível de satisfação individual. A primeira dificuldade encontra-se na tensão que se dá entre a ambição de reconstruir essa democracia social energizada, cotejada com conservadorismo institucional. Não se consegue deter o comprometimento para amoldar indivíduos fortes, nos estreitos limites de dotações individuais, decorrentes das restrições determinadas pelos direitos de herança. Com a garantia desses direitos, de forma absoluta, não se constrói uma democracia fortalecida.

Para se assegurar ao indivíduo espaço para autodesenvolvimento efetivo, pode-se, por exemplo, necessitar-se da reinvenção de arranjos que definem a economia de mercado, de modo a melhor descentralizar o acesso às oportunidades e aos recursos produtivos. Similarmente, deve-se redesenhar e alargar os instrumentos pelos quais a sociedade civil pode se organizar de forma livre, em relação à tutela do Estado, desenvolvendo um conjunto de associações públicas, independentes da tutela normativa estatal. Tais mudanças nas instituições econômicas e sociais exigem alto nível de energização política para que sejam criadas e efetivamente mantidas. Uma energização que conduza à mobilização política organizada, de certa forma desconfia de reformas estruturais que se repetem, em âmbito de arranjos políticos estreitos e desprovidos de vida, que presentemente são praticados nas democracias mais ricas que o mundo conhece.

Pode-se chegar à mesma conclusão desconcertante se começarmos a tensionar o individualismo radical, que detém um matiz muito mais psicológico do que institucional. Nossos desejos e impulsos relacionam-se às nossas características. Queremos manifestá-los nas formas de vida e de discursos comuns e mais simples, isto quando não os incorporamos, como forças de um narcisismo intenso, porém destrutivos. Não conseguimos obter sucesso na formação de indivíduos que detenham tais poderes, a menos que permitamos encontro e diálogo com uma vida compartilhada que se pretende otimizar. Não se pode esperar mais das pessoas, esperando menos da política.

Outra alternativa para o fortalecimento da democracia tomaria o lugar de principal ponto de inovação e energização de experiências de comunidades específicas. E para que qualifiquemos tal compromisso com um fortalecimento da democracia, deve-se pensar em um comunitarismo liberal. Seus grupos-chave e suas comunidades não podem ser totalmente includentes em relação à vida de seus membros, nem tampouco excludentes em relação àqueles que lhes são estranhos. Cada uma das pessoas deve pertencer a tantos grupos quanto sejam os que consiga transitar com mobilidade. A maioria desses grupos deve ser baseada no compromisso e na divisão das preocupações e não em fundamentos biológicos de ascendência comum. Devem ser testemunhas de que, sob a democracia, as profecias falam mais alto do que a memória.

Sob tal regime de poliarquia radical o Estado transforma-se em um facilitador residual, responsabilizando-se pelo policiamento e pela coordenação entre grupos e comunidades, os verdadeiros atores e protagonistas do regime. Entre eles haveria empresas dirigidas por trabalhadores ou redes cooperativas e competitivas de microempresários, organizações cooperativas para a provisão e a supervisão de saúde, educação, cuidado com os mais velhos e os incapazes, assim como também pela observação de organizações de interesse comum, que se espera proliferem em sociedade descentralizada e muito mais igualitária.

Devemos devolver o poder do topo para a base da sociedade. Devemos subtrair o poder dos governos e outorgá-los às comunidades organizadas. E se assim fizermos, entretanto, devemos também organizar a sociedade de modo que essa receba tais poderes, exercendo-os da forma mais integral possível. A devolução desses poderes sem a correspondente organização significaria uma entrega de posição e uma aceitação de poderes privados que já existem. Nada mudaria. Quando se desmantela ou se reconfigura um dado governo, nós necessariamente não implementamos a transferência de poderes abandonados do Estado para uma ordem social que seja anterior à política ou autoconstitutiva. Nós encaminhamos esses poderes para interesses bem instrumentalizados e armados que foram previamente delineados pelo curso da política. Faz-se justiça.

Pode-se realizar tal fórmula nas bases da mais ampla equalização de circunstâncias que agora existem até nas sociedades contemporâneas mais igualitárias e mais prósperas. Muito antes que reconheçamos tal assertiva, podemos perceber que a mesma nos conduz a um enigma insolúvel.

Não conseguimos nos livrar da espécie de montanha-russa e das variações que caracterizam a história. Suponha-se que as regras que orientam a devolução de tal poder, do topo para a base da sociedade, assim como a organização da sociedade civil, para que receba de volta esses poderes, representam uma atitude definitiva, que não concebe uma rara possibilidade de mudança, e mesmo assim marcada por muita dificuldade. Deve-se em seguida lidar com o crescimento do novo, do imprevisto, do que qualifica uma forma de desigualdade que não fora jamais imaginada. As pessoas encontram-se muito pouco instrumentalizadas para escapar do jugo de tais desigualdades, mediante formas ordinárias e convencionais de ação política e econômica, que lhes são outorgadas no cotidiano. Tais desigualdades são ainda mais difíceis de serem desafiadas, dado que o grande instrumento que pode lhes contrapor, o poder do Estado, será efetivamente diminuído e menosprezado. Por que se o poder governamental pode enfrentar privilégios privados, a ausência ou a fraqueza desse poder pode enfrentar este privilégio com mais força ainda.

Suponha-se, à luz de outra contingência decorrente de tal dilema, que se possa transformar facilmente e com freqüência as regras que orientam o modelo de devolução de poder e de organização da sociedade civil. Deveríamos ter dialogado com o problema da desigualdade, abdicando algumas de nossas ambições de pulverização política. Deveríamos formatar uma política de amplitude social como um foco de disputa e um objetivo de energização.

Na medida em que lidamos com ameaças como essas, cada uma das sendas alternativas para o aprofundamento da democracia e para a radicalização do experimentalismo definirá sua característica histórica. Tão cedo comecemos a lidar com tais problemas, provavelmente veremos que começam a diminuir as diferenças que plasmam as várias alternativas. Vendo-se tais programas em conjunto, descobrimos que os mesmos dividem temas comuns e tensões recorrentes. Tais temas e tensões nos apresentam perplexidades que parecem profecias.

Entre os males que são patrocinados por idéias que sustentam uma doutrina de convergência institucional para com um caminho verdadeiro há o problema que promove o enfraquecimento da diversidade nacional. Em um mundo de democracias, nações organizadas como Estados podem desenvolver os poderes e as possibilidades da humanidade nas mais variadas direções. Podemos nos conhecer e nos desenvolver apenas quando nos confrontamos com as contradições que marcam a existência. Uma marca distintiva de civilização mais desenvolvida é a habilidade coletiva de experimentar as contradições, sem recorrer à guerra, e de fazer a paz sem qualquer postura de mesmice.

Uma diferença forte, capaz de assimilar diferentes formas de humanidade, exige a aproximação espiritual e institucional em relação à vida organizada. Conseqüentemente, os vários modos se apresentariam como antagonistas. Entretanto, o argumento deste livro propõe uma segunda via.

Os futuros alternativos da democracia, que eu acabei de considerar, não são exemplos verdadeiros de uma idéia que insiste na existência de outros caminhos. Esses caminhos alternativos são, muito pelo contrário, candidatos e rivais em relação ao papel desempenhado pela segunda via. Falta a esses caminhos alternativos uma ligação forte com circunstâncias locais. Sugerem-se direções alternativas para a humanidade. Embora elas exijam a própria reinvenção à luz de realidades nacionais, dado que a nação-estado permanece como o maior teatro no qual se protagoniza a política, elas parecem falar por todos os cantos dessa mencionada arena. Tem-se a impressão de que os caminhos falam de si mesmos.

Reconhecendo-se que há interessados alternativos e plausíveis para a tomada definitiva de uma segunda via, pode-se contrastar essa segunda senda, com os demais caminhos, embora não se consiga abolir o contraste que a amplitude de caminhos evidencia.

A idéia calcada nos muitos caminhos consiste na afirmação de que a alternativa progressista pode melhor se desenvolver mediante a combinação de heresias locais com elementos de economia bem fundada e de política ortodoxa. Tais heresias inspiram-se nas realidades intrínsecas a cada país e a cada cultura.

Antes de se considerar a idéia de variados caminhos como uma alternativa à idéia de uma segunda via, que seja única, é importante que se compreenda que ambas as concepções convergem em suas implicações para a reforma de modelos que governam a economia mundial.

A implicação central dessa percepção indica-nos que os modelos devem ser desenhados de forma muito menos hostil, e conseqüentemente muito mais benigna, do que os arranjos atuais que informam rotas de desenvolvimento nacionais e regionais.

As organizações engendradas pelo sistema de Bretton Woods, a exemplo do Fundo Monetário Internacional, do Banco Mundial, e agora da Organização Mundial do Comércio, não podem mais receber autorização para continuarem operando como o longo braço do programa neoliberal dominante e da hegemonia norte-americana. Tanto quanto tais organismos exerçam responsabilidades mundiais, informadas por regras e modelos universais, tais organismos devem protagonizar funções meramente minimalistas. Por exemplo, podem colaborar na manutenção de um sistema comercial mundial e aberto, mediante o desenvolvimento e o implemento de regras muito claras, assim como de mecanismos eficientes de pagamento. Tais organismos poderiam ainda conceder empréstimos de curto prazo, com base em critérios muito simples, a exemplo da utilização de mecanismos de pequena discricionaridade.

Entretanto, na medida em que essas organizações se enquadram em trabalho de assistência e apoio nacional e seletivo, devem ser divididas em inúmeras entidades separadas, ou mesmo em times competitivos e independentes, albergados por entidades hoje já existentes. Tais organismos deveriam acompanhar e prestar assistência a experiências nacionais. Eles jamais poderiam suprimir ensaios regionalizados. Conseqüentemente, o universalismo deveria ser associado ao minimalismo, assim como o maximalismo ao pluralismo. A obtenção e o gerenciamento de fundos devem emergir de instrumento relativamente neutro, a exemplo da cobrança de um imposto nacional agregado, ou do que mais se aproxime a tal exação, a ser calculada a partir de poucos níveis de alíquotas, que refletiriam a posição dos países no que toca às suas rendas nacionais brutas e *per capita*. Similarmente, as regras do sistema comercial internacional devem ser reformadas. Um regime básico de comércio deve repudiar qualquer modelo preconceituoso para com a maximização do comércio internacional. Seu objetivo deve consistir no apoio para que cada país desenvolva projetos próprios de desenvolvimento nacional, de modo que se possa diminuir a interferência que se verifica entre demandas contraditórias que diferentes projetos nacionais procuram imprimir ao comércio internacional.

Um regime básico deveria favorecer um leque de soluções que estimule o desenvolvimento gradual e conectado de uma mobilidade transnacional de capital e de trabalho, em vez de se libertar o capital e de se aprisionar o trabalho. Os países poderiam ser autorizados a compensar a presença de problemas que inibem o desenvolvimento de seus mercados, por meio de subsídios e de isenções referentes a investimentos. Poderia-se aplicar presunção restritiva para o alargamento das definições de direitos de propriedade, especialmente no que toca aos direitos intelectuais.

Tal mudança de direção no regime de comércio deverá ser complementada pelo alargamento de direitos relativos à opção referente ao regime instalado. Tais opções devem ser explícitas e exercidas mediante procedimentos multilateralmente aceitos. Os países ricos não podem tratar de isenções, como as que são outorgadas às agriculturas do primeiro mundo, como se fossem regras gerais imodificáveis. Tais países devem ser compelidos a tratar tais isenções como um direito explicitamente passível de ser disponível, sob arranjos que orientam alternativas para regimes convencionais de comércio.

E como iria ser operada tal reforma na economia mundial? Um possível caminho seria formado pelos passos que identifico em seguida. Primeiramente, países continentais e marginalizados persistiriam em rebelião contra o programa neoliberal, movendo-se entre as várias alternativas propostas pela segunda via. Eu me refiro à China, à Índia, à Rússia, ao Brasil e à Indonésia. Em seguida, sob pressão, o regime internacional seria aberto a um maior leque de alternativas. Finalmente, a reforma do regime internacional possibilitaria que as diversidades nacionais conseguissem avançar concretamente. Dentro desse espaço mais amplo, muitos outros países pequenos encontrarão alternativas e caminhos a serem seguidos.

A narrativa incorpora então uma queixa. Nenhuma liberdade pode ser obtida sem luta. Uma luta sem violência, espera-se, mas uma luta, de qualquer maneira. Os líderes dos países dominantes, assim como burocratas e professores, não nos darão tal liberdade. Essa liberdade deve ser conquistada. A pressão deve ser exercida a partir das bases da vida social. Deve ser motivada por um incomensurável desejo de dominar o curso da ação que os regimes internacionais tendem a suprimir. Deve-se confiar em mobilização nacional de recursos, incluindo-se alargamento da poupança interna, para que se amplie o conjunto de manobras no primeiro estágio de realização dessas heresias nacionais. Tudo deve ser informado por imaginação programática; em outras palavras, exige-se força e visão clara, de modo que tomemos vantagem a partir do calor e da luz.

A idéia de muitos caminhos pode parecer irresistível, sobremodo quando combinada com modéstia intelectual, que respeite diferenças culturais e nacionais. Enfrenta-se, entretanto, três problemas inerentes ao desdobramento dos fatos.

O primeiro deles consiste no fato de que heresia local pode ser insuficiente para enfrentar ortodoxia universal.

O segundo problema radica na circunstância de que a unidade concreta e espiritual do mundo pode ter atingido um ponto que torna irreal a idéia de que as sociedades possam se desenvolver por meio de trajetórias distintas, a exemplo dos planetas que se movem em suas órbitas próprias.

O terceiro problema refere-se ao fato de que em um mundo de democracias a capacidade de se criarem diferenças pode e deve significar muito mais do que a habilidade de se perpetuarem diferenças herdadas. Essa capacidade coletiva de se desenvolverem e de se inventarem diferenças, sob condições de alargamento da democracia e de generalização do experimentalismo, pode exigir que as sociedades contemporâneas tenham que passar por um caminho de comunhão de inovações, que eu chamaria de uma segunda via. Essa segunda via, alcançada pela passagem por portais muito estreitos, pode ser necessária para tornar todos os demais caminhos possíveis.

Consideremos isoladamente cada uma dessas objeções.

Propostas universais, a exemplo do cristianismo, do liberalismo e do socialismo, transformaram o mundo. Essas propostas informam e inspiram, para o melhor ou para o pior, as características e as circunstâncias locais.

Hoje em dia, também, a proliferação de heresias locais pode não ser suficiente para resistir à ortodoxia universal do neoliberalismo, que porta uma mensagem de convergência para com práticas e instituições presentemente em voga nas democracias ricas dos países do Atlântico Norte.

Se tais heresias radicam em cálculos práticos, podem ser abandonadas ao primeiro sinal de problema, tornando-se incapazes de resistir a impulso gravitacional de soluções ortodoxas, arraigado nos poderes dominantes e reforçado pelas normas e organizações internacionais. Se ancorados na defesa de identidade coletiva, especialmente baseada em valores religiosos, pode haver certa resistência a tal impulso gravitacional. Entretanto, pode se perder a comunhão entre idéias democráticas e experimentalistas.

Uma razão adicional e explicativa para a hipossuficiência de heresias locais consiste no fato de que elas não conseguem acertar as contas com duas características preocupantes de nossa situação presente, a exemplo das analogias entre problemas enfrentados tanto por países ricos, como por países pobres, além da natureza efetivamente restrita de repertório institucional com o qual poderíamos enfrentar tais problemas. O poder para a expansão de tal repertório exige certos requisitos, não importa se tal expansão seja operada em direções diferentes. A doutrina da segunda via tem como ambição explorar formas institucionais de tais requisitos, conforme eu exploro no argumento de meu livro *Democracia realizada: a alternativa progressiva**.

Conseqüentemente, chega-se a uma terceira objeção no que se refere às heresias locais. Eu me refiro à necessidade que temos de nos esconder dessas heresias, pelo comprometimento que temos para com a democracia, para com a liberdade e para com a ilustração, no sentido de nos afastarmos das perversões que facilmente podem se esconder por trás dessas heresias. Refiro-me ao conceito que nos dá conta de que a diferença mais valiosa para a

---

* São Paulo, Boitempo, 1999.

humanidade já se encontra presente nas diferentes culturas do mundo e nas diferentes nações que alimentam tais culturas.

O poder para criar uma diferença coletiva, e não apenas para perpetuar diferenças dentro do que herdamos, é simultaneamente causa e conseqüência do experimentalismo democrático. Como qualquer outro aspecto de nossa circunstância social, o poder para gerar diferenças depende das idéias e da praticidade que se dê a esse grupo de argumentos.

Todavia, agora somos testemunhas da divulgação de versão maldosa e envenenada de desejo à diferença. Diferentes nações do mundo valorizam suas respectivas diferenças, sobremodo quando vêem nessas diferenças as suas próprias fraquezas. Raramente tem um país desejado trocar de semblante, memória, ou promessa de diferença, protegida pela soberania, por dinheiro, que poderia ser traduzido e mensurado por níveis mais altos de vida. Cada nação tem sido compelida a subtrair uma parcela de sua própria essência como um sacrifício a ser feito no altar das competições práticas e espirituais que presentemente são travadas no mundo todo. Nossas identidades coletivas são esvaziadas de seus conteúdos concretos e tradicionais, geralmente traduzidos em formas comuns de vida.

Ainda, o desejo de diferença tem sido aumentado, muito mais do que aquietado, na medida em que seja ordinariamente esvaziado. As nações têm o desejo de ser diferentes, únicas, excepcionais, odiando-se quando esse desejo de diferença deve coexistir com realidade que potencializa a mesmice e a igualdade. Esse ódio, decorrente de impotência coletiva, acaba promovendo uma diferença concreta. De tal modo, essas identidades coletivas que se encontram esvaziadas não podem ser objeto de negociação. Não há nenhum conteúdo residual que possa ser negociado ou revisado. Tal hiato de identidades torna-se objeto de fé intransigente.

A grandeza da humanidade exige o fortalecimento de nosso poder coletivo para que se promovam diferenças coletivas. Não há proposta que possa ser levada a sério, no sentido de fortalecer a democracia, se não se fomentarem os poderes que fundamentam e que decorrem das diferenças.

Diferenças que contam nesse mundo democrático, entretanto, são muito mais aquelas que podemos fazer e inventar do que aquelas que temos condições de nos lembrar e de preservar. O futuro é muito mais importante do que o passado. A profecia triunfa em relação à memória.

Para termos certeza, devemos construir nossa circunstância e nossa história de acordo com aquilo que herdamos. Devemos também aceitar nossas memórias coletivas de sofrimento, de sucessos e de diferença, como parte de nossa humanidade de carne e osso, real, palpável, orgânica. Não há prática de invenção coletiva e de profecia que possa ser seguramente fundada no esquecimento do sacrifício que significa a negativa da própria identidade. Mesmo em relação a uma descendência comum, a nação enquanto uma grande família, pode continuar carregando o peso de moldar identidade coletiva, enquanto uma tarefa de expressão e de interesse nacionais.

Um subproduto do sucesso decorrente desse esforço de se fortalecerem nossos poderes de originalidade coletiva resulta no fato de que nos tornamos mais hábeis para inserirmos diferenças reais ao invés de diferenças desejadas. Como resultado, nós nos liberamos de derrota que teríamos provocado, e de um encontro violento entre identidades coletivas vazias de sentido, protagonistas de uma batalha de ídolos sem sangue e sem vida, para os quais a humanidade desorientada corre o risco de ter que se render.

As regras que definem tais poderes e proteções individuais devem ser subtraídas da agenda de projeto político de curto prazo. Alguns aspectos devem ser retirados do panorama de experimentalismo coletivo, em respeito e homenagem a esse mesmo experimentalismo, observado isoladamente. Desse modo, homenageamos o poder individual que transcende do próprio contexto originário. Tal poder torna-se uma deidade colocada no trono de nossas práticas experimentalistas.

Um privilégio que se prostra contra perene atitude de revisão, ao longo do cotidiano da política, é o resíduo procedimental que se encontra na linguagem pseudometafísica dos direitos fundamentais. O resíduo substantivo encontra-se na percepção de que a disponibilidade que se tem para uma vida mais humana, cheia de riscos, depende simultaneamente do poder e da segurança. A relação entre o que outorgamos à liberdade experimental e o que garantimos ao indivíduo lembra-nos a relação entre o amor paternal para com as crianças e o desejo infantil de se partir para aventuras, com suspensão parcial de todos os mecanismos de defesa, e também da aceitação de alta vulnerabilidade, em relação às quais depende nosso fortalecimento prático e espiritual.

As formas mais hierárquicas de vida social, aquelas que santificam uma ordem de castas, delimitando o que cada indivíduo pode fazer e sentir, misturam definições de segurança individual com detalhada moldura de vida social, sob a santificação dos costumes. Cada violação de costumes, conseqüentemente, aparece como ataque à segurança individual. Em nossas democracias relativas há dois princípios que têm sido descortinados parcialmente: as esferas de direitos fundamentais e os espaços que ficam abertos ao experimentalismo dos negócios, da cultura e da política.

Persiste, todavia, um desengajamento limitado, típico de circunstância de liberdade restrita. Podemos, precisamos e devemos manter tal desengajamento de forma ainda mais perene. E podemos assim fazer somente mediante a renovação de práticas e instituições em relação às quais os nossos ideais e interesses reconhecidos continuam caminhando com certa velocidade. Todas as versões de aprofundamento democrático protestam no sentido de que podemos ter uma maior liberdade experimental e um maior poder e segurança individuais, ao mesmo tempo.

Por todas essas razões, a doutrina que sugere vários caminhos, e que propõe a combinação de heresias locais com elementos de uma ortodoxia política e econômica global, é inadequada, pelo menos em relação ao momento presente. Devemos optar pela segunda via, representada aqui como uma combinação do programa de fortalecimento democrático à luz das propostas que apresento. A segunda via tem como vantagem o fato de ser específica, assim como correspondentemente apresenta a desvantagem de se parecer indevidamente restritiva.

A segunda via não é uma via definitivamente alternativa para vários e possíveis caminhos. Trata-se de uma estrada que conduz a muitos lugares. Descreve-se a condição para o fortalecimento do poder coletivo para a produção de diferenças também coletivas, enquanto permanece em contato com ideais democráticos e experimentais.

A doutrina da segunda via é, entretanto, duplamente paradoxal. O primeiro paradoxo radica na crença de que a capacidade para divergir, em um mundo de democracias, deve hoje passar por um amplo, porém limitado portão de inovações pulverizadas nas formas de democracia, de economia de mercado e de uma sociedade civil livre.

O segundo paradoxo consiste na afirmação de que o fortalecimento da plasticidade negativa pode agora projetar implicações particulares para a reforma da sociedade, assim como para a reorientação do pensamento referente a tais reformas. O senso de paradoxo diminui, embora não desapareça por completo, quando reconhecemos que o clamor feito em prol da segunda via é uma reivindicação de circunstância histórica transitória, que é nossa, em vez de desejo universal relativo à humanidade e seu futuro.

Nós não deveríamos nos iludir na crença de que já encontramos a fórmula da liberdade, e de que estamos na posse das mais valiosas diferenças. Permanecemos sem nenhuma liberdade e a cada dia nos tornamos menos diferentes.

FORTALECIMENTO E VULNERABILIDADE

O programa de experimentalismo democrático tem motivos que transcendem a política. Os temas das necessidades falsas e da democracia fortalecida, razões das preocupações explicativas e programáticas do presente trabalho encontram-se na superfície do presente argumento. A visão de vida humana e de sua transformação, subliminar a esses temas, permanece apenas parcialmente expressa. Trata-se, no entanto, de preocupação grave. A partir de tal visão, certa feita identificada como explícita e persuasiva, pode se afastar muito da autoridade das idéias. Essa visão mobiliza e deseja interpretar. Ela propicia muito da energia que se precisa para mudar a sociedade e as pessoas.

Esses projetos políticos empurram a experiência humana para certas direções, encorajando certas possibilidades de vida, no mesmo tempo em que desestimula outras. Esse problema insolúvel caracteriza até mesmo os programas que valorizam a diversidade e a novidade, reconhecendo-se as muitas formas de grandeza humana. Não conseguimos separar nitidamente os elementos que caracterizam nossa experiência. Eu me refiro àqueles elementos que supostamente constituem uma natureza humana invariável e universal e também àqueles que existem como construídos da história, da cultura e da política. O muro que separa tais domínios geralmente se desintegra. Até mesmo os mais íntimos recônditos de nossa experiência pessoal são reféns do curso da política. Por outro lado, não há empreendimento grandioso e transformativo que possa atingir a claridade ou a energia exigidas, a menos que se comuniquem com os nossos pensamentos mais remotos, nos quais os dogmas dominantes e as organizações estabelecidas se recusam a estacionar.

Há uma visão para a resposta mais adequada aos problemas da vida humana que têm reaparecido na história moral de muitas civilizações, sob formas incontáveis. Sua característica maior reside na busca da invulnerabilidade. Somos vistos como acorrentados, travados pela comunhão da ilusão e do desejo, vinculados a uma ordem de desapontamento, sofrimento e dor. Podemos escapar de tal ordem mediante a combinação de intuição e prática.

O objetivo dessa conversão encontra-se na invulnerabilidade para com as desilusões que nos condenam à aproximação que promovemos entre lutas e ilusões. A serenidade, expressada pela independência, abre-se mediante nossa lhaneza para com os outros, para com nosso encontro com o destino, pessoal e universal; essa serenidade é o maior dom que obteremos mediante a obtenção de nossa invulnerabilidade.

Uma narrativa concebida para impugnar nossas ilusões ancora tal resposta aos predicamentos humanos em uma visão mais abrangente da realidade. De acordo com essa narrativa, as distinções entre os fenômenos são gerais, assim como aquelas relativas aos indivíduos em particular, são superficiais. Apenas quando assumimos seriamente esse mundo de distinções, somos tomados por um desejo frustrante e por uma luta compulsiva.

Uma versão característica desta idéia encontra-se na prática moral e filosófica recomendada pela filosofia estóica dos gregos. Podemos assegurar nossa independência, dominando nossas distrações. Profundamente arraigados no presente, despreocupados do remorso, podemos reconhecer, por meio dessa posse do momento, comunhão com realidade universal e indivisível.

A visão de necessidade humana em relação à qual os argumentos das necessidades falsas e do fortalecimento da democracia contribuem, e a partir do qual tais valores ganham corpo, reverte a ética da invulnerabilidade, rejeitando as crenças das quais dependem essa mesma ética. Considere-se, em primeiro lugar, a rejeição e a substituição de tais crenças.

A imaginação encontra-se em um mundo marcado pela realidade das diferenças, pelo aprofundamento dos indivíduos e pelo irreversível e decisivo caráter dos eventos históricos. No mundo em que vivemos, são reais as diferenças entre as pessoas. Entre os indivíduos, além de reais, essas diferenças são muito profundas.

A história é nosso destino, não apenas porque precisa de assim o ser, ou porque assim deve sê-lo, porém porque a história nos ameaça com realidades pequenas e particulares, como se fôssemos atores de um enredo que nunca escrevemos e que com raridade compreendemos, ao invés de protagonistas de nossas próprias vidas. Começamos a dominar a história no momento em que a ela começamos a resistir. Na medida em que resistimos às suas fatalidades, nós nos tornamos mais humanos. Desmistificamos e desrespeitamos o mundo dominado de práticas e instituições, piedades e dogmas, como a melhor forma de respeitarmos as pessoas. Posteriormente, quando começamos a adorar a nós mesmos, em um contexto de resistência, revisando-o, conseguimos transcender para os agentes morais que realmente somos.

A essência da sabedoria moral é a falta de proteção. Precisamos desistir, jogar nossos escudos no chão, para que evitemos uma morte antecipada que ocorra quando perdemos contato com a imaginação do possível, e conseqüentemente também com a parte escura e não-realizada do eu. Precisamos ser prudentes em relação às pequenas coisas, mas também precisamos estar atentos para os grandes problemas. De nossas experiências com certa falibilidade, com a falta de proteção, provém uma possibilidade de surpresa e por conseguinte da autotransformação.

Na vida cotidiana, a mais importante expressão da prática dessa falta de proteção encontra-se na disposição para se enfrentar os riscos que toda inovação impõe às formas estabelecidas de cooperação. Também, essa sensação é percebida na determinação para se dirigir para formas mais elevadas de associação, a exemplo de modelos mais cheios de bonomia para com inovações repetidas e aceleradas, bem como para com a diminuição do espaço que existe entre as atividades que aceitam as condições existentes e aquelas que desafiam essas circunstâncias.

A doutrina da falta de proteção em prol da vitalidade e da plasticidade deve, por um aparente paradoxo, incluir o reconhecimento da necessidade de segurança. Precisamos estar seguros no domínio de salvaguardas centrais, identidades e dotações. Não que transformemos essa necessidade de proteção em desculpa para paralisarmos a sociedade em sua tarefa de promoção de modelos de prudência moral.

A idéia de falta de proteção como sabedoria opõe-se à busca de serenidade por meio da invulnerabilidade. Entretanto, tanto a idéia assim como essa busca, respondem a uma mesma experiência, relativa ao tormento em que somos inseridos a partir de nossa liberdade e de nossa intuição, assim que começamos a perder os laços e referenciais dos costumes, da rotina e do imaginário convencional. A aliança revolucionária entre ciência e democracia tem acelerado essa fragmentação propiciando disputa entre a ética da serenidade e a ética da vulnerabilidade.

A democracia, baseada na demofilia, na destruição das falsas barreiras e das hierarquias rígidas que nos separam, além da conseqüente multiplicação de modos de trabalho conjunto, que não sejam predeterminados por receitas de hierarquia e de divisão social, consiste em valiosa parte do caminho que marcha com vistas a tal objetivo. Entretanto, é apenas uma parte do caminho. Não se trata do caminho todo e nem mesmo do destino final. É, insisto, apenas uma parte do caminho, marcado por uma divisão rígida de circunstâncias, que importa muito menos do que uma grande oportunidade para uma ação capaz que conduza ao autodesenvolvimento. Uma distribuição igualitária de recursos permanece secundária no que toca à dissolução de todas as instâncias privilegiadas referentes às utilizações futuras dos recursos do capital produtivo, do poder político e da instrumentalização educacional.

Devemos distinguir a tentativa de se radicalizar o experimentalismo democrático, especialmente por meio de um caminho que tem sedimentado o fortalecimento da democracia, a partir de esforço em se plasmar cidadão imaginário e desprovido de ego no lugar de um indivíduo real, que lute por interesses distintos nos diferentes domínios da experiência. Nenhum programa baseado em visão unidimensional da personalidade, favorável à vasta expansão da subjetividade, a liberdade individual e a capacidade prática que usufruímos em nossas antiespartas imaginárias, poderia ser factível ou passível de realização. Devemos desenvolver essas idéias programáticas de modo que as asseguremos da carga de presenciar a derrota econômica na virtude política, fazendo-se a guerra contra aquilo que hoje gostamos. Devemos estar seguros de que se reconhece nossa tendência contraditória e nossa resistência justificada a todos os reclames absorventes da vida pública.

O esforço para aprofundar o experimentalismo democrático não deve ser identificado com o sacrifício da privacidade e da subjetividade para com a virtude cívica. Similarmente, o fortalecimento dos poderes da humanidade não deve ser confundido com uma potencialização do eu, que negue, na tradição de Rousseau, de Emerson e de Nietzsche, a passagem para o fortalecimento por meio da aceitação da vulnerabilidade. Tal visão perverte, por conta de sua unilateralidade, a verdade que existe sobre nós mesmos. Seu engano consiste na incompetência de representar corretamente a relação existente entre nossas referências para com os outros e nossa transcendência para com nosso contexto, e também entre nossa intersubjetividade e nossa relação para com o infinito. Como conseqüência, congela-se uma aventura, que se reduz a uma mera postura. Uma postura que não conseguimos manter sem que paguemos o preço que nega a própria vida: a negativa de oportunidades para autocorreção.

Uma forma distinta de tal perversão, o ideal de se encontrar luz na escuridão do mundo do lugar-comum, fazendo-se justiça ao gênio da humanidade, pode ser fracionada em três grupos de elementos. Eles cobrem a distância que vai da ambição prática para o comprometimento visionário.

O primeiro elemento consiste no desejo de se fortalecerem nossas capacidades para realização da vida humana, começando-se com interesses materiais e morais que já podemos reconhecer em nós mesmos. A humanidade continua submetida à pobreza, à ignorância e à doença. Homens e mulheres encontram-se sem recursos e habilidades para combinarem trabalho significativo e respeitável com trabalho que garanta a obtenção de suas necessidades materiais básicas. Muita gente não se encontra em condições de tomar conta da própria vida e da própria família.

A experiência das democracias ricas de nossos dias tem demonstrado ser possível elevar-se os padrões da maioria, livrando-a das necessidades maiores, sem que se implementem as inovações institucionais e espirituais que aqui defendo. Entretanto, apenas países pequenos e culturalmente homogêneos, com longa história de reformas igualitárias, que culminaram em regimes de proteção social, têm conseguido uma divisão da sociedade em três grandes classes de supervisores que manipulam idéias, bem como remediados que não têm poder e que desempenham trabalhos de rotina, além de membros de uma subclasse tiranizada. O resto da humanidade não espera reproduzir tais condições meramente na imitação dos modelos que admiram.

Muitos acreditam que o alargamento dos direitos de propriedade, como presentemente se implementa no Atlântico Norte, que a continuidade de uma integração de economia global na forma como agora se apresenta, assim como um maior investimento em educação, seriam suficientes para a resolução dos problemas dos países ricos e da extrema desigualdade econômica que existe no mundo. Argumento que há engano nessa conclusão apressada. Generalizam-se oportunidade e capacidade mediante a insistência na prática revolucionária, lenta e gradual, porém cumulativa e radical, remodelando-se arranjos e presunções. Trata-se de perspectiva que pode parecer compromissada com dogmas, teorias e calamidades políticas de um passado recente.

Todavia, incorpora-se à reflexão uma verdade que devemos libertar de tais aproximações teóricas, que expressa a realidade de condições necessárias ao alcance do fortalecimento individual, à luz das circunstâncias presentes nas sociedades contemporâneas. Fala-se também sobre algo mais profundo e permanente em relação a nós mesmos.

Nossos interesses e ideais, e nós mesmos permanecemos reféns do pensamento, da ideologia e das instituições presentes. Não é suficiente humanizarmos valores mediante redistribuições compensatórias. Devemos humanizar a nós mesmos, transformando-nos, assim como precisamos mudar os conjuntos institucionais dentro dos quais vivemos, isto é, a relação que temos para com o poder, no sentido de resistir e reformá-lo.

Um segundo aspecto consiste em fazer justiça para a maior parte da humanidade, um esforço de conter o conflito humano que desdobre no trágico. Todos os elementos que dão sustentação à nossa personalidade, todas as características de nosso crescimento pessoal, vinculados àquilo que é mais elementar e material, mais ambicioso e espiritual, dependem necessariamente dos laços sociais. Conexões, entretanto, impõem compromissos, sujeitando-nos às duas grandes forças opressivas da vida social, as hierarquias de classe e os estereótipos que somos obrigados a representar. Conseqüentemente, na medida em que avançamos em nossas relações e conexões, tornamo-nos reféns de nosso próprio destino. Quanto mais nos ligamos, mais possivelmente nos comprometemos no futuro. Vinculado ao destino, o fortalecimento da personalidade e do caráter faz com que o destino nos imobilize até nos destruir completamente.

As rebeldias contra destinos de classe e de papéis sociais equivalem à traição, ao atentado contra a lealdade, à ameaça ao isolamento. Espremida entre nossa necessidade de interagir e nossa impulsão para quebrar cadeias e grilhões impostos por conexões sociais, encontra-se uma brecha que ameaça as necessidades pessoais de crescimento e realização.

Além do fortalecimento de capacidades particulares para realização do bem, precisamos rearticular a vida social, no que toca ao domínio e à despersonalização, preços que pagamos para nos conectarmos a essa realidade. Na diminuição do tributo que devemos para com questões de classe, papéis sociais e rotina, limitamos, porém sem abolir, os conflitos que se travam dentro dessas condições de auto-realização. Na moderação desse conflito ampliamos nosso campo de liberdade. É assim que melhoramos.

O terceiro aspecto deste programa refere-se à reconstrução do mundo secular que habitamos, que se torna menos adequado para nós, na medida em que atributos extraordinários da humanidade excedem mundos particulares. Há uma ordem que reconhece e alimenta nossa capacidade de julgamento, de resistência e de desejo de reforma, e que reside na nossa própria negação e na nossa tendência de nos diminuirmos. Vivemos nossas verdades, de forma ampla e direta, confirmando essas percepções com base em uma experiência diária, ao invés de nos tornarmos prisioneiros de fantasias escapistas de aventura.

A concepção desses três elementos, que são supervenientes, materializa-se em visão normativa, marcada pela compreensão e pela possibilidade de transformação, que resiste ser apreendida por vocabulários regulamentares, de virtude e de felicidade.

Aceitando-se tal idéia, não há razão para preocupação. Será que nos rendemos à visão romântica e heróica da vida, que admite prestação de contas para com nossa presença nas sociedades e nas culturas, nas raças e nos papéis sociais, nas famílias e nos trabalhos que nos definem, além desta característica multiplicada e contraditória que identifica nossos interesses e ansiedades? Será que estamos transformando em política e em historicidade um peso que não conseguimos suportar, e que apenas a experiência intimista com conexões pessoais e comprometimentos pode agüentar? E então não nos rendemos à lição terrível que nos dá conta de aliança entre mal, ilusão e esperança, que a história insiste em nos ensinar?

A percepção de possibilidade humana e reformatação da vida social deve ser testada por sua capacidade em distinguir exatamente entre as condições inalteráveis da existência, que devemos aceitar, e a ordem reformável da sociedade, que devemos melhorar.

Os países que agora se apresentam como modelos para o resto do mundo não passam por esses dois testes. Na presente ordem hegemônica, por exemplo, verifica-se uma recusa a se sujeitar às instituições e ao escrutínio que os americanos aplicam aos aspectos variados da experiência daquele país. O endurecimento dos arranjos institucionais contrasta com a popularidade de práticas físicas, psicológicas e espirituais de auto-ajuda, que eventualmente negam nossa independência e nossa mortalidade. O individualismo coexiste com a idolatria institucional.

Duas fórmulas fracassadas de manutenção de condições alteráveis da vida social, que explicam o comportamento que protagoniza importante papel nos argumentos das necessidades falsas se encontram no fetichismo institucional e estrutural. O fetichismo institucional falhou na compreensão de conceitos institucionais abstratos como democracia representativa ou economia de mercado, expressões naturais e necessárias na compreensão de regras, práticas e instituições. O fetichismo estrutural, ou um alto comando equivalente ao fetichismo institucional, falhou em reconhecer que podemos alterar a qualidade. Falhou também como conteúdo das ordens institucionais e ideológicas, dentro das quais nós nos movemos.

Na diminuição da descontinuidade das atividades normais nas quais reproduzimos ordens normais e excepcionais pelas quais mudamos o mundo, na concepção de nosso trabalho de revisão como extensão de nosso trabalho diário, fortalecemos nossa capacidade de realizar o bem e também expressamos e desenvolvemos nossa liberdade mais criativa, que consiste no poder que temos de dominar o contexto das ações. É mais fácil dizer do que fazer. O fetichismo institucional e estrutural plasma-se nas tradições mais influentes do pensamento social, incluindo-se aquelas que tem influenciado a esquerda. Continuamos com palavras e conceitos dessas tradições, enquanto demonstramos nossa descrença para com as concepções teóricas rigorosas que sustentam a utilização de tal pensamento social. Estamos menos desiludidos do que confusos.

NECESSIDADES FALSAS

A confusão que fazemos colabora para a justificação de nosso conservadorismo institucional. Supõe-se, erroneamente, que uma mudança institucional real significaria a substituição de sistema institucional indivisível por outro, isto é, do capitalismo pelo socialismo ou do socialismo pelo capitalismo. Por conta dessa confusão concluímos que tal mudança não é factível, nesses tempos de paz relativa, e nem desejável, como provado pelas conseqüências desastrosas das mudanças revolucionárias institucionais que ocorreram no século XIX. Cai-se em uma cilada quando se assume a característica genérica do mal, produzida pelo fracasso em desafiar e melhorar o que pode ser alterado nas práticas e instituições da sociedade. Não conseguimos propriamente nos adorarmos, no contexto de seres transcendentes que somos. Tal adoração toma um caminho errôneo a partir dos arranjos e percepções nos quais as pessoas estão encalhadas. Nossa tarefa consiste em negarmos reverência às estruturas. Mas devemos reverenciar as pessoas.

Há uma emboscada presente em uma ordem social e cultural dividida e especializada. Trata-se de engodo que a radicalização do experimentalismo democrático sabota mais diretamente. Os conceitos de fetichismo institucional e estrutural descrevem duas das mais importantes manifestações de nossas idéias. Acabam mostrando que nos tornamos cúmplices de nossa própria escravidão.

Tais práticas não serão suficientes para criar seus próprios agentes. Somos nós quem devemos formá-los. Devemos educá-los em uma política altamente energizável. Devemos dotá-los com recursos que garantam espaço independente nas atividades de um mercado democratizado. Devemos ter escolas que salvem as crianças de suas famílias, de suas classes sociais, de suas culturas e de suas épocas históricas. Essa escola imaginária insiste em ser uma voz do futuro que se ouve no presente, tratando cada criança como um profeta mudo e ignorante.

E quais são as circunstâncias que não se modificam? E que papel o avanço das necessidades falsas e do experimentalismo democrático protagoniza em nossas respostas? E com qual espírito luta um homem que enfrenta sua segunda natureza e abraça sua própria condição?

A primeira circunstância inalterável é a morte, impondo a cada vida os contornos de caminhada irreversível, sujeitando o que mais amamos, e nós mesmos, ao trabalho destrutivo do tempo, estabelecendo um contraste atemorizante entre o valor alto de onde estamos e a banalidade para a qual nos dirigem nossos esforços desencontrados.

Todas as sociedades e culturas conspiram para nos armar contra o pavor que sentimos para com a perspectiva desse limite absoluto que não apenas aniquila nossas identidades, mas que também nos nega uma segunda chance que imaginamos merecer. O engajamento no trabalho e no amor, que se aproxima desses limites toleráveis, permanece diminuído para com um desastre terrível que somos impotentes para prevenir.

Tal desastre não é apenas o desaparecimento ou o enfraquecimento de nosso eu. Trata-se de nossa falta de habilidade para controlarmos os efeitos do tempo em relação a tudo e a todos que nos interessam. Conseqüentemente, conquistando um contexto coletivo mais amplo, em relação ao qual agimos e pensamos, somos forçados a lembrar que esse contexto é localizado nos limites de uma realidade universal cujo futuro não conseguimos controlar, cujos propósitos não temos habilidades para discernir e cujo significado não temos condições para compreender.

A primeira e mais importante resposta que temos para com essa situação é sua própria aceitação. Todas as tentativas de fuga, por meio de esforços de auto-salvação e recusas de morte, ameaçam a grandeza de se compreender e de se viver sob as condições de falta de limites irreversível e dramática. Enfraquece-se nossa apreensão sem que nos outorguem a possibilidade de destruirmos o mal da aniquilação. Como resultado, diminuímos nossa habilidade para nos devotarmos às nossas tarefas e compromissos. Tal devoção, quando isolada, confirma-nos a sensação de sermos pessoas que vivem a realidade da liberdade.

A segunda resposta à morte e ao fim de tudo sucede à primeira delas e é por ela moldada. Trata-se do esforço em fundar ordem social que permita que as pessoas possam resolver com mais facilidade suas necessidades de relacionamento, sem que tenham que se render a um roteiro cultural e social que limite a experiência e a visão. Cada aspecto da luta pelo aprofundamento da democracia e pela radicalização do experimentalismo democrático contribui para a consecução deste objetivo.

Até mesmo o herói, o gênio e o santo não conseguem resolver esse problema por eles mesmos, e quando o fazem, o resultado é imperfeito. Os trabalhos de heroísmo, gênio e santidade projetam-se nas outras pessoas, naqueles que não são nem heróis, nem gênios, nem santos. E porque não se consegue resolver adequadamente a questão relativa a quem são os outros, não se consegue resolver o problema de como viver como espírito mortal e corporificado.

A terceira resposta a essa aporia, estendendo-se a segunda delas às circunstâncias da vida contemporânea, consiste em substituir o esforço da guerra pelo esforço e dedicação ao serviço geral, como ocasião coletiva para que se vença, por meio do sacrifício, a banalidade e a diminuição. A vida não é nada, absolutamente nada, se não for sacrifício, e nenhuma vida pode ser julgada como realmente vivida, a menos que se possa eventualmente doar-se a algo que seja maior que a própria vida, sentindo o espírito que nos habita chocar-se com os limites da jaula onde nos encontramos. Ninguém, rico ou pobre, famoso ou desconhecido, poderia morrer sem que tivesse vivido momentos de autotranscendência, sentindo uma força que parece fogo dentro de nós. No passado, as guerras se prestaram para a realização de tal experiência. Serviços sociais voluntários e compulsórios podem tomar o lugar da guerra, oportunizando-se a devoção e o sacrifício. Cada um de nós, em cada lugar do mundo, deveria ser obrigado a servir, por um ou dois anos, às necessidades dos que de nós precisam. O profissional pode trabalhar na área de sua especialidade. Sem formação profissional, o comprometimento para servir pode ensejar ocasião para que se treinem habilidades que sejam do interesse daqueles que precisam de ajuda, na educação, na saúde, na construção de hospitais e asilos. Cada país, pobre ou rico, deveria determinar que parte da sua juventude prestasse serviços sociais em outros países, ricos ou pobres, para que esses jovens aprendam línguas diferentes e para que aprendam e compreendam as diferenças que marcam os seres humanos.

Um aumento nos poderes de compaixão, sustentado por arranjos práticos que alimentem nossa habilidade de imaginação da alteridade, pode ajudar para que possamos reconhecer os deuses que habitam naqueles de quem precisamos, e que precisam de nós. Nesse clima de grandeza e de imaginação ampliada, tudo o mais será possível.

Se os limites impostos pela morte constituem condições inalteráveis que devemos aceitar, tem-se outra condição que se encontra nos contornos que a vida humana toma, sob a pressão desses limites, nas circunstâncias desse espírito corporificado. Passamos a nos sentir como deuses infelizes, que como crianças descobrem um mundo no qual não se pode lutar. Somos exilados desse paraíso da imaginação e jogados num mundo de luta. Devemos deixar de ser todo mundo, e devemos passar a ser alguém.

Esse alguém é o produto da mutilação e da diminuição das capacidades humanas. Uma mutilação que assumimos pelo amor, pela fecundidade que as ações nos incitam, separando-nos daquilo que imaginamos, mas que não conseguimos mais ser. E qual seria nossa relação com essas possibilidades de vida não realizadas?

Não conseguimos viver sob o imperativo da mutilação. Devemos aceitar tal circunstância como preço que pagamos para o engajamento. Entretanto, podemos trabalhar para mudarmos a relação de um eu mutilado, o ser que nos tornamos, e a nossa personalidade que deixamos de lado. Podemos manter as fronteiras entre o realizado e o abandonado, e entre aquilo que não foi conquistado, mas permanecemos abertos às mudanças. Podemos ensinar a nós mesmos a sentir a dor da amputação, assim como a experiência estranha do movimento fantasmagórico do órgão perdido. É só dessa forma que conseguimos entender o que perdemos.

Assim agimos por meio do avanço do experimentalismo democrático, enfraquecendo essa segunda natureza, que radica na lógica da posição social que ocupamos em relação às nossas capacidades de iniciativa e de inter-relacionamento. Agimos assim, em uma segunda via, por meio da ética, da vulnerabilidade, lutando contra a ditadura dessa mesma segunda natureza íntima, personalidade que se congelou em caráter. E na medida em que a influência de uma ética decorrente da vulnerabilidade aceita possa nos ajudar, da distância, na luta contra essa nossa segunda natureza, também o aprofundamento das práticas experimentalistas e das instituições democráticas podem ajudar no fortalecimento das pessoas, de modo que se possa definitivamente negar nossa segunda natureza.

Em um mundo de democracias, cada nação desenvolve em direções distintas os poderes e as possibilidades da humanidade, como cultura e como instituição. A profecia ganha ascendência sobre a memória. Permite-se a fuga dos indivíduos, graças ao que se tornou o direito universal de viver e de trabalhar em qualquer lugar. Deve-se valorizar a diversidade e a contradição da vida interna, de modo que cada hiato possa servir como ocasião para incorporar, reinterpretar e reconstruir algo que tenha funcionado em algum outro lugar. Conseqüentemente, trabalhando-se por meio de recombinações, o pão diário do experimentalismo prático acaba se prestando para servir a uma maior diversidade. Cada nação, fazendo-se diferente, enxerga-se parcialmente refletida nas outras nações.

Por analogia, devemos imaginar a mesma solução para o mundo dos que lutam para sobreviver aos diferentes tipos de experiências que são impostas. De tal modo, acorda-se para a vida e tem-se a certeza de que se morre apenas uma vez. Voltamo-nos contra nós mesmos. Esse esforço de autodestruição tem duas fontes.

A primeira delas consiste em um ataque contra nós mesmos, por causa de nossa própria ambivalência. O que desejamos não tem limite. Nada seria suficiente para nos consolar da finitude e da morte. Como resultado, tudo que recebemos uns dos outros, até os mais despretensiosos atos de amor e devoção, parecem pagamentos e garantias para uma transação que não pode ser completada. Como tais transações seriam implementadas, se as exigências de companheirismo incondicional e de aceitação dos outros podem ter os mesmos e divinos atributos de diferença, profundidade e obscuridade? Se tentarmos proteger a nós mesmos sob a luz fria da distância e da indiferença, não conseguiremos colher os benefícios da cooperação e nem mesmo conquistar as grandes riquezas do amor.

E quanto mais nos aproximamos, por necessidade e por atração, passamos por experiências e paixões, por reveses violentos, por reservas mentais que fazemos. Por que infinitamente precisamos uns dos outros, não conseguimos nunca dar ou receber o suficiente.

Prisioneiros de nossos desejos e idiossincrasias, tentando contato com outras mentes e desejos, que também não respondem nossas questões, tentamos nos colocar sob o jugo de restrições. Acostumamo-nos com a prudência da distância. E depois nos revoltamos contra as estratégias da autoproteção.

A segunda fonte que justifica nossa luta contra nós mesmos é nossa falta de habilidade para aceitarmos os mundos particulares que construímos e habitamos, assim como nossa impossibilidade de viver fora desses mundos. E como somos ambivalentes para com nossos semelhantes, também somos ambivalentes para com a sociedade e a cultura que criamos, reverenciamos e desafiamos.

Sem lugar particular, espaço para a ação e crença, não temos poder e estamos perdidos. Como poderíamos fazer justiça? Sempre há algo mais em nós, individual e coletivamente, mais do que temos razão em desejar, fazer e sentir, do que poderia haver em qualquer lugar. Então devemos nos prostrar contra tal situação voltando-nos contra nós mesmos. O excesso divino de pessoalidade nas mentes, nas regras e nas estruturas, torna tal conflito algo que não compreendemos e do qual não podemos escapar.

Em conjunto com os fatos naturais de morte e de perda, essa ambivalência que nutrimos dá-nos tristezas indescritíveis. Multiplicam-se as oportunidades do mal que cresce da distância, da diferença e do medo. Somos abertos para uma nova experiência e para as outras pessoas, tornando-se possível a imaginação e o amor.

Esta virada contra nós mesmos é nosso problema e nossa solução, nossa provação e nossa salvação.

Este livro foi composto em Adobe Garamond 11,5/13,8
e impresso na gráfica Alaúde em papel Pólen Soft 80g/m²
para a Boitempo Editorial, em julho de 2005,
com tiragem de 2000 exemplares.